教師花伝書

—専門家として成長するために—

東京大学大学院教授
佐藤　学

小学館

教師花伝書

専門家として成長するために

目次

第二部 私の出会った教師たち

第三部 教師として生きる

装丁・本文デザイン・ＤＴＰ／見留 裕・草地祐司（Ｂ．Ｃ．）
校正／目原小百合　編集／塚本英司
カバー写真／㈶林原美術館所蔵　能装束・段に霞と撫子に蜻蛉文唐織

教師花伝書

専門家として成長するために

小学館

プロローグ

『風姿花伝』（１４００～１４０２年）において世阿弥は、「花は心、種は態《わざ》」と記している。「花」は表現の美であり、「態」はその身体技法を意味していた。同書は「花を知らんと思はば、先づ、種を知るべし。花は心、種は態なるべし」と述べ、「花」としての美の表現とその「心」（思想・哲学）が、私心を擲《なげう》って積み重ねられる稽古と修養によって形成される「態」（身体技法）によって成就される道筋を示していた。

本書『教師花伝書』は、『風姿花伝』の精神にのっとって、教師が授業を「妙花《みょうか》」に洗練させる「心」（思想・哲学）と、その「花」の「種」となる「態」（身体技法・見識）を学ぶ道筋を提示したい。

歴史的な転換期を生きる教師は「教える専門家」であると同時に、「学びの専門家」として修養と研修に励む必要がある。今日のように教育改革がかまびすしく叫ばれ、学校が混迷と混乱の渦に巻き込まれている状況においては、それらの激流や濁流に流されることなく、教師としての在り方に絶えず立ち戻り、粛々と授業実践の「花」の創造に身と心を砕き、その「心」（思想・哲学）を洗練させ、その「種」である「態」（身体技法・見識）を学び続けることが肝要である。教師は自らの内側を律し、豊かにする修養によって、この受難の時代に教師としての人生をまっとうに生きることを可能にする。本書は、教師たちのこの内なる闘いの秘伝書となることを密かにねらっている。「秘すれば花なり」である。

※

本書は、2007年4月号から2009年3月号にかけて『総合教育技術』に連載した「教師花伝書」の24篇の文章に基づいている。多忙に追われ、遅れがちな執筆作業を2年間にわたって励まし続け、このような素敵な本に編集してくださった小学館「総合教育技術」編集部の塚本英司さんに心から感謝の言葉を記したい。

2009年3月　佐藤　学

第一部

専門家として成長するために

教師として学び成長すること
―「花伝書」からの啓発―

一、『風姿花伝』の啓発

「教師花伝書」という標題は、世阿弥（1364?～1443年）の名著『風姿花伝』（通称『花伝書』）に着想を得ている。昨今の「教師いじめ」の状況を思うと、「教師花伝書」よりも「教師武芸帖」のほうが読者に喜ばれるのではないかと思われるが、そういう時代だからこそ、むしろ粛々と自らの仕事を洗練させ、道を究めるのが教師の本道と言えよう。また、「教師指南書」を要望する読者の声も伝えられたが、私は長年にわたって教師から学んできたのであって、教師に教えてきたのではない。読者である教師の方々を前にして、何事かを「指南」する資格も能力も知識も私は持ち合わせていない。

世阿弥の『風姿花伝』について一言、触れておこう。『風姿花伝』は、古今東西にわたる第一級の芸術論であり、同時に、学びの思想の伝統を提示する古典の名著である。まだお読みでない読者は、ぜひ一読していただきたい。

同書は古典中の古典であるが、現在も、決して色あせてはいない。これほどの芸術と学びの哲学が14世紀の末に著されたことは驚嘆に値する。惜しむらくは同書が一子相伝の書として観世家、金春家に秘蔵され、吉田東伍が１９０９年に学界に紹介するまで一般に読まれることがなかったことである。もし、秘匿されることなく公刊されていたら、同書はまちがいなく世界第一級の名著として国外にも知られていただろう。

『風姿花伝』は世阿弥40歳前後の書、「その風を得て、心より心に伝はる花なれば、風姿花伝と名付く」（第五篇）と記されているように、世阿弥が父観阿弥の芸を子孫に伝承する目的で著した能楽のテキストであり、表現の技法と稽古の作法を簡潔かつ明晰に叙述している。『風姿花伝』の中心は「花」（芸の美）が「妙花《みょうか》」（幽玄の美）に到達する道筋の説明にあてられているが、教育書として興味深いのは「稽古」の系統である。

世阿弥は、芸の発達を「七歳」「十二、三より」「十七、八より」「二十四、五」「三十四、五」「四十四、五」「五十有余」の七つの時期に区分し、各段階において留意すべき「稽古」の作法と心得を記している。「五十有余」で終えているのは、観阿弥が52歳で没したからである。亡くなる直前に観阿弥が演じた能は「花やか」であったと言う。

同書は珠玉の言葉で満ちているが、その中でも最もうならされたのは「態」と書いて「わざ」と読ませているところである。この「態（わざ）」は、身と心の構えを意味していて、私たちが「技能」と呼んでいる「技」とは異なっている。「花」（芸の美）を生み出す「態（わざ）」の習得は芸の極致と言ってよい。世阿弥は、能楽の「態（わざ）」は三十四、五歳で「盛りの極み」に達すると述べているが、「慎み」をもって「誠の花」として成就した芸を反芻し修練するならば一生「花は残る」と言う。

その慎み深い学びについては、「上手にもわろき所あり。下手にも、よき所必ずあるものなり」と述べ、「上手は下手の手本、下手は上手の手本なりと工夫すべし。下手のよき所を取りて、上手の物数に入るる事（芸の一つに加える事）、無上至極の理《ことわり》なり」と指摘する。これぞ、学びの作法の極意と言えよう。

『風姿花伝』に叙述される「態（わざ）」は、今日のマニュアル文化で多用される「スキル」としての「わざ」ではない。「態（わざ）」は、身の構え方であり、場における居方であり、対象への関わり方を意味している。世阿弥は、芸術的な表現を「花」に譬《たと》えていたが、「態」は「花」の源という意味で「種」に譬えられている。

そして、この「態」と「心」が一つになったとき、その芸は「無心の花」となり「幽玄」と評される「妙花」が表れると言う。「態」は、表現の技法を単なる技能としてではなく、身の振る舞いの作法として、さらには表現の境地を開く「心」のあり方（思想）として捉えた概念なのである。

二、教師のコンピテンス

連載「教師花伝書」において私が挑戦したいのは、『風姿花伝』において「態（わざ）」と表現された「身体技法」とその学びを、教師の授業実践と専門家としての学びの文脈に即して叙述することである。

これまで授業の技術や技能について書かれた書物は多いが、そのほとんどは「教授学」「教授理論」であり、授業の技術や技法を教師に伝授する「指南書」であって、教師の「稽古」（学び）の構え（思想）や作法（身体技法）を伝授する「花伝書」ではなかった。『風姿花伝』の全編に一貫している学びの思想とその作法は、教師の仕事にも通底しているのではないだろうか。

もちろん『風姿花伝』における学びの世界と教師の学びの世界とは同一ではない。『風姿花伝』における学びは美を表現する芸術の学びであり、教師の学びは授業実践という文化的・社会的・倫理的実践の学びである。教師の仕事における知識や技術は、芸術家としての性格を帯びてはいるが、職人としての性格も科学者としての性格も技術者としての性格も帯びている。『風姿花伝』において「学び」は「物学（ものまね）」と表現されているが、教師の学びは「模倣（ミメシス）」だけに限定されるものではない。

しかし、『風姿花伝』に記された学びの精神、哲学、作法は教師の学びにも通底するものであり、『風姿花伝』に倣って教師の学びの世界を描き出すことに挑戦することの意義は大きいと思う。

「教師の学び」と記してきたが、その大まかなマッピングを示しておこう。教師の仕事は、職人（craftsman）としての世界と専門家（professional）としての世界によって構成されている。教室における教師の身の振る舞いを見ると、さすがに熟達した教師は、すっきりとしていて一挙手一投足に無駄がなく、ときとして「名人芸」のように思われることがある。そういう教師の姿に職人としての教師の世界が端的に表現されている。

しかし、教師の仕事は職人芸でのみ成り立っているのではない。教師の仕事は、もう一方で、授業をどうデザインするのか、教材のどこをどう取り上げるのか、子どもの発言の何をどう意味づけるのかなど、複雑で高度な知的判断によって遂行されている。これが専門家としての世界である。

一般的に言って、職人としての振る舞いは無意識に遂行されるのに対して専門家としての思考は意識的に遂行され、職人としての振る舞いは見えやすい（visible）のに対して、専門家としての思考は見えにくい（invisible）という特徴をもつ。

職人としての教師の世界は「熟達した技能」「経験」「勘やコツ」によって構成され、専門家としての世界は「科学的専門的知識」「技術」「反省的思考と創造的探究」によって構成されている。そして職人としての世界は「模倣」と「修練」によって学ばれ、専門家としての世界は「省察」と「研究」によって学ばれる。

この二つは相まって教師としての「力量」（コンピテンス）を形成している。しかし、「力量」という言葉は、教師の職業遂行能力を意味する言葉として使われるが、どうもしっくりこない。ここでは職業遂行能力を一般的能力の様式で表現する「コンピテンス」という言葉を用いたい。教師のコンピテンスは、職人としての能力と専門家としての能力を総合したコンピテンスと言ってよいだろう。

三、教師のコンピテンスとその学び

教師のコンピテンスを職人としての能力に還元するのも、専門家としての能力に還元するのも、どちらも一面的な見方と言ってよいだろう。教師の中には、どこかで「すぐれた授業」を行う教師がいれば、その教師の授業を追い求め、その教材や技術や技能を模倣することに夢中になる一方で、学びに関する科学的知識や教科内容の専門的知識や教育の哲学にまったく関心を示さない教師がいる。

その一方で、教科内容に関する専門的知識や教育哲学や学習理論の探究に熱心であっても、教室では旧態依然とした一斉授業を行い、子どもの学びを触発し促進し組織する創造的な技法に対して無頓着な教師もいる。いずれも教師のコンピテンスが狭く捉えられており、教師としての学び（研修）としては不十分なものになっている。

確かに、教師のコンピテンスは、他の専門職（医師や弁護士など）と比べて、複雑で複合的であり、専門的な知識や科学的技術で統制できない「不確実性（uncertainty）」によって支配されている。教育哲学の本を読んだからと言って、直ちにその教師の実践の哲学が形成されるわけではないし、学習理論を習得したからと言って、その学習理論どおりの学びが教室に実現できるわけではない。

しかし、だからと言って、教師のコンピテンスが職人としてのコンピテンスに還元されてよいわけではないし、逆に、専門家としてのコンピテンスがないがしろにされてよいわけがない。

本書「教師花伝書」では、教師の仕事の「妙花」と教室に「花」を咲かせる「態（わざ）」とその学びについて、私が観察してきた教室の実例に即して叙述することとしよう。教育改革がかまびすしく叫ばれ、学校をとりまく状況は混迷を深めているが、そういう状況であればあるだけ、それらのかまびすしい動きに翻弄されることなく、粛々と教師の本道を歩み、道を究めることが最も大切である。本書は、そういう読者への励ましのメッセージである。

創造的な教師の技法
――授業の「妙花」を開く(1)――

一、「妙花」としての授業

多数の学校を訪問し教室で授業を観察していると、しばしば「妙花」（世阿弥『花伝書』）とも言うべき洗練度と完成度の高い授業に出合うことがある。山梨県久那土《くなど》小学校の古屋和久さんの「養蚕のアタリを求めて」（小学校3年・総合学習）はその一つである。

古屋さんから訪問の依頼を受けたのは5年ほど前からである。２００６年10月20日、やっと念願が実現し、久那土小学校の彼の教室を参観することができた。この日は同校の「学びの共同体」の公開研究日、近郊の学校から１００人近い教師が訪れていた。

古屋さんのこの年度の目標は、

①子どもたちと「おかいこさん」を飼育し繭をとり、糸をとること
②養蚕に関わる民俗を子どもたちに出合わせること

③保護者（祖父母も含め）の「学習参加」を導入すること

の三つである。廊下には養蚕道具が集められ、１００匹ほどの蚕が飼育されている。朝も玄関で、この学級の子どもから、いきなり「ねぇ、東京で『おかいこさん』のこと、どう言うの？」と尋ねられた。子どもたちは「おかいこさん」のことで頭がいっぱいなのだ。

授業開始５分前なのに、子どもたちは４人グループになり、古屋さんが執筆した教材『養蚕の一年』と『養蚕のアタリを求めて』を片手に、めいめいの疑問を話し合っている。一人ひとりが目をきらきらさせ、柔らかく弾むように学び合っている。わずか13人の子どもたちだが、その少なさを微塵も感じさせない存在感である。

近づいて耳を澄ますと、「糸引き」とか「給桑台」とか「回転モズ」とか「紙張幕」とかの用語が飛び交い、家族から聞いたこと、養蚕博物館で学んだこと、インターネットで調べたことが織り合わされている。

コミュニケーションは絹糸のように繊細で、学び合う姿はシルクの織物のように鮮やかだ。まだ授業は始まっていないのに、子どもたちのうねるような学びの時間に呑み込まれてゆく。

古屋さんがこの授業で準備した教材は三つ、旧豊富村山神社の御札と紙張幕（養蚕の道具）に描かれた馬の絵、それに娘と馬が恋に陥る「馬娘婚姻譚」（上九一色村伝説）である。

神社の御札を通して「養蚕のアタリ（豊作）」を祈った人々の願いを認識し、蚕と馬のつながりを示す伝承に触れることによって養蚕に秘められた歴史と養蚕に携わる人々の心性に迫る授業の構成である（授業の詳細と解説については次章で詳述したい）。

二、卓越性を開く

授業が始まり、まず私を驚嘆させたのは、小グループで夢中になって学び合う子どもたちの姿だった。一人ひとりが自然体で、しかも弾むような好奇心を共有して考えを交流し、知性的に探究し合う姿は素晴らしかった。これほど学びの作法を洗練させ、質の高い学びを実現している教室はそれほどあるものではない。子どもの一人は、その学び合いの模様を次のようにノートに記している。

「達哉さんが『これ、どういう意味？』と聞いて、私もなんて言えばいいのか分からない時、さらに美紀さんと正弥さんにつながり学べるようになりました。すると4人でどうすればいいか考えられました。美紀さんが『分かった！』と言って達哉さんに説明して、それでも分からない時は、私と正弥さんが、美紀さんの説明を聞き、それを『こうしたほうがいい』とか『このほうが分かりやすい』と、詳しく達哉さんに説明していました。すると、達哉さんが『ああ、分かった』と言ってくれます。学級の目標は『つなげて聴いて、つなげて話せる3年生』ですが、つなげるだけでなく、『つながりを広げる』ということができるようになりました。今から達哉さんや和樹さんと同じ班になったら、どんどんつながりたいです」（智美の『学びのノート』より、名前はすべて仮名）

このノートを記した智美は、学びが（他者の）「問い」を引き受けることから出発し、自分と仲間の経験と知識を総動員して「問い」の解決へと至る協同的探究の過程であることをメタレベルで（つまり哲学的に）理解している。さらに学びの深まりが「つながりを広げる」ことによって促進されることも理解している。

参観した授業には保護者が数人、子どもたちに交じって参加していた。「学習参加」の実践である。その母親の一人は次のように記している。

「私も年齢を忘れ小学3年生になった気分で授業に一緒に参加させてもらいました。私のほうがいろいろ教わることばかりでびっくりしました。私もできるだけ授業には参加していきたいと思っています。身なりはおばさんだけど、同じ3年生になった気分で一緒に学びたいです」

子どもも母親も夢中になって参加する「学びの共同体」が、この教室には実現している。

三、修養としての学び

私と古屋さんとの出会いは、彼が山梨県派遣研究生として東京大学に1年間滞在した15年前に遡る。

彼は「民俗学の教育実践」を主題として研究に励んでいたが、私のゼミの熱心な受講者の一人であり、私の中で熟成しつつあった「対話的実践としての学び」の理論（モノとの対話的実践、他者との対話的実践、自己との対話的実践の三位一体論）と「学びの共同体」としての学校改革のヴィジョンに対する熱心な理解者の一人であった。

1年間の研修後、古屋さんは県教育委員会の配属となり、「民話教材」の調査編集の仕事に3年間従事する。その成果の一つが、この授業で使われたテキスト『養蚕の一年』と『養蚕のアタリを求めて』である。

その後、再び現場に戻った古屋さんは、私の提唱する「対話的実践としての学び（学びの三位一体論）」を実現する授業の創造と「学びの共同体」づくりの学校改革へと没頭した。一人で始めた彼の挑戦を支えたのは、東京大学派遣研究生のときに知り合った小國喜弘さん（現在、早稲田大学准教授）、岩田一正さん（成城大学准教授）、佐藤英二さん（明治大学准教授）など、佐藤ゼミの卒業生たちだった。彼らは、毎年、古屋さんの教室を訪問し、彼の授業をビデオで記録して、古屋さんと協同で授業の事例研究を積み重ねてきた。

もう一つの支えは、久那土小学校の同僚たちである。同僚たちは研修主任である古屋さんの提案を受け、全校一体となって「学びの共同体」づくりへの挑戦が始まった。そして同校の研修が3年目を迎えたこの年、古屋さんに一つの転換が起こったと言う。「私の中で『響き合う授業』のイメージが変わっていった。それまでは『響き合う授業』という言葉に、子どもたちの考えが『星座』のようにつながるイメージを描いていて、そのような授業を実現するために必要なのが、オモシロイ教材の開発と適切な授業方法（技術）に関する研究だと考えていた。今、3年生の子どもたちを前にして抱くイメージはそれとは少し異なる。『響き合う授業』とは、水面に石を投げ入れた時の波紋のように敏感に反応する教室に生まれる授業である」

「響き合う授業」のイメージの「星座」から「水の波紋」のイメージへの転換はラディカルである。「波紋」としての「響き合い」を基盤に据えると、教師は、学びを推進する子どものまなざしで教材を探究する必要があり、教室に生起する多様で複雑な「波紋」をどうつなぎ、どう広げるかが教師の技法として問われることとなる。古屋さんの実践研究にとっては新しい課題である。しかし、古屋さんは、不思議と「新しさ」は覚えないと記している。

「『学びの共同体』づくりの実践研究は、不思議と新しいことに挑戦しているという感じがしない。目の前の子どもに直結する研究であり、取り組めば取り組むほど、毎日の授業が研究そのものであることを感じる。これは教育の原点を求める研究のように思えてくる。これまで20年のキャリアの中で身に付いたものから、本当に必要なモノに磨きをかけ、いらないモノを思い切ってそぎ落とす営みである。教師の仕事そのもの、私の生き方そのものと言ってもいいだろう。だからこそ私は『学び』の実践研究に、厳しさとともに、やりがいを感じることができるのだと思う。３学期になって、放課後やらちょっとした時間に、珈琲を片手に授業について同僚と語ることが多くなった。なんと心地いいことか」

さわやかな言葉である。教師の実践研究を「新しいこと（知識・技術）」を付加していくことと捉えるのではなく、むしろ「本当に必要なモノに磨きをかけ、いらないモノを思い切ってそぎ落とす営み」と述べているのは至言である。

古屋さんはベテランにとっての研修が自らの内面を充実させる「修養」であることを確認したと言えよう。

古屋さんの勤める久那土小学校を卒業した子どもたちが通う久那土中学校も、時を同じくして「学びの共同体」づくりの拠点校である。今年から、久那土小学校と久那土中学校は連携し交流しながら「学びの共同体」づくりを推進することとなった。古屋さんの授業

⬆2006年10月20日、久那土小学校「学びの共同体」の公開研究日にて。

実践は地域の同僚たちのネットワークにも支えられている。

次章は、古屋さんの教室に咲いた「妙花」の具体的な姿を私の観察に基づいて提示することにしよう。私が彼の教室の事実から学んだ事柄は数え切れないほど多い。

創造的な教師の技法
―授業の「妙花」を開く(2)―

一、教室の息づかい

　前章に引き続き、山梨県久那土小学校（当時・今村文子校長）の古屋和久さんの総合学習「養蚕のアタリを求めて」（3年生）の授業の観察に基づいて、この教室に開いた授業の「妙花」（世阿弥）について記述しよう。

　教室を訪問すると、数分間で、その教室の学びの特徴と成熟度、子どもたちが抱えている問題、学びに困難を抱えている子どもとその困難の性格、その教師の授業づくりの基本的な構え、教師の抱えている悩み、教師のこれまでの歩みが、一つのつながりとなって認識される。これは長年の教室観察で身につけた「わざ」の一つだが、いったい何をどう認識し、どう判断してこれだけの内容を数分間で理解するのか、自分自身でも説明することは不可能である。私にとって教室の観察は、数多くの経験と勘によって鍛えられた「職人技」になっている。

その私にとっても古屋さんの教室の訪問は鮮烈であった。授業開始5分前に教室に入ったのだが、すでに子どもたちは授業の開始が待ちきれず、グループになってテキストを片手に弾むように学び合っていた。その学び合う姿は、授業が佳境に入った段階の学び合いと見まがうほどである。

一般的に言って、教師は最終の到達地点を意識の中心に置いて授業を展開しているが、創造的な教師はむしろ授業の始まりに意識を集中している。始まりを丁寧に扱い、始まりに繊細であることは、あらゆる創造的活動の共通した特徴である。創造的であることはいつも始まりであることを意味している。授業の開始前から無心に学び合っている子どもたちの姿は、それだけで創造的な学びの極意を会得しているように思われた。

授業の始まりにおいて私が最も大切にしているものは、教室の「息づかい」である。教室を訪問すると、「息づかい」が感じられない教室がある。「息づかい」が乱れている教室があれば、整っている教室もある。「息づかい」が浅い教室もあれば、深い教室もある。授業が始まる時点の教室の「息づかい」が、その授業のその後のすべてを決定すると言っても過言ではない。それほど教室の「息づかい」は授業の成否にとって重要である。

古屋さんの教室の「息づかい」は絶妙だった。教師と子ども、子どもと子どもの呼吸が一つになっており、一人ひとりの呼吸が深くうねりがある。一言で言えば、「弾むような学び合い」が成立しているのである。

「弾むような学び」は、新しい事柄に出合ったときに発せられる「えっ」「ええっ」という驚きの声に表現されている。この教室の子どもたちは未知の事柄との出合いや異質の意見に対してきわめて敏感で、「えっ」「ええっ」という驚きのつぶやきが水の波紋のように広がってゆく。この未知の事柄に対する知的な「驚き」は学びにおいて最も大切な感覚の一つである。

創造的活動の基盤とも言える「息づかい」のうねりと「弾むような学び」は「個と個のすり合わせ」によって生じている。「個と個のすり合わせ」という言葉は、作曲家の三善晃さんから学んだ概念である。

三善さんは合唱や合奏における表現の本質について語られていたのだが、学び合いにおいても同様だろう。ちなみに三善さんは「息づかい」の重要性にも触れられ、「意＝心の音」「息＝自ずからの心」と表現されていた。

この教室の時間の特徴についても触れておこう。教室の時間について私は、「川のように流れる時間」と「雪のように降り積もる時間」という二つの時間の交錯点として認識している。通常の学校カリキュラムは近代の時間、つまり直線的で不可逆的で均質で一方向的な時間、比喩的に言えば、絶えず過去を背後に流し去る「川のように流れる時間」で組織されている。

しかし、学びは身体的活動であり、学びの身体が経験する時間は可逆的で循環的で多層的な時間、すなわち過去が現在と密着し、積み重なって現前する「雪のように降り積もる時間」である。この違いについて古代ギリシャの人々は「クロノスの時間」(量としての時間)と「カイロスの時間」(質としての時間)として区別していた。

古屋さんの教室における時間は、可逆的で循環的で多層的な時間である。地域の古層を扱った題材(養蚕という生業)そのものが多層的な時間を形づくっているし、教室の横の廊下では1年間をかけて養蚕の実習が行われている。

子どもたちと親たちは祖父母や地域の古老を交えた3世代をつなぐ学びを展開し、その学びは久那土とアジアを串刺しにする学びへと発展している。このような学びの時空の成り立ちが、この教室の学びを根源的かつ力動的にしているのである。

二、聴く、つなぐ、もどす

古屋さんの授業は、きわめて単純な構造で組織されていた。今日の授業に相当するテキスト（『養蚕のアタリを求めて』古屋作）を読んで、疑問に思ったことを交流すること、旧豊富村山神社の御札を見せ、その御札に込めた人々の願いに触れること、そして紙張幕（養蚕に使う紙の幕）に描かれた馬の絵を見せ、娘と馬が恋に陥る「馬娘婚姻譚」（上九一色村伝説）を読み聞かせて養蚕の歴史の神話世界に触れることの3段階の展開である。

この単純化された授業展開の構造によって、子どもへの対応がより繊細になり、より柔軟になり、よりダイナミックになっている。

子ども一人ひとりの学びの筋道は多様である。13人の子どもがいれば、13通りの学びの筋道が成立している。

この日の授業においても、最初に発言した子どもは「掛け軸」の説明で、直接、授業のテーマとは関係しない事柄だった。子どもたちの多くは「掛け軸」を見たことがなく、ひとしきり「掛け軸」の話が続くが、やがて「掛け軸」に「蚕大神」と記された文字へと話題が転じ、蚕の呼び方（おかいこさん、おこさま、おぼこさま、おしらさま）そしてその名が中国に由来することが話される。

話題が「養蚕教師」に及んだところで、古屋さんは山神社の御札を見せ、その御札をはさんだ大きな箸の用法についてグループで考えさせている。最後の紙張幕に描かれた馬の絵の意味についても4人グループによる話し合いが組織された。いわゆる「ジャンプのある学び」を求めての協同である。

古屋さんの対応は淡々としているが細やかであり、柔軟で複雑であるがすべて〈聴く〉〈つなぐ〉〈もどす〉の三つに集中している。この対応の絶妙さは、何一つ無駄な言葉や無駄な動きがないことに示されている。一つとして無駄な言葉や無駄な動きがないから、子どもたちは古屋さんの一つひとつの言葉や身振りに敏感に反応し、あの絶妙な「息づかい」と「弾むような学び」を生み出しているのである。

特に印象深いのは、教卓を取り去った黒板の前に子ども用の椅子一つを置き、そこにちょこんと座って子ども一人ひとりの言葉とつぶやきに耳を澄ます古屋さんの姿である。さえぎりがないから、言葉が〈直接〉届き合う関係が生まれ、しかも古屋さんの視線が子どもの視線と水平的に交流されるので思考に深まりが生まれている。言葉が柔らかく、しかも弾みを帯びるのはその結果である。

すでに子どもたちは、学び合いが「つながり」をつくることであることは体得している。どの子の発言も、前に発言した子どもへの応答とつながりにおいて発せられている。まったく無関係と思われる発言も随所に登場するが、その発言も必ずもとの文脈とのつながりを見いだすことによって、協同の探究へと織り込まれてゆく。

この子ども同士のつながりを実現しているのが古屋さんの〈もどす〉活動である。古屋さんの授業の技法の最大の特徴は〈もどす〉活動にあると言ってよいだろう。「ちょっと待って、それ、どこに書いてある？」という言葉が頻繁に発せられるのはその証である。絶えず、テキストにもどし、テキストの言葉でつないでゆく。この教室の濃密な学び合いは、テキストとの周密な対話とその交流によって実現している。

テキストに絶えずもどるという学びの作法（それ、どこに書いてある？）は、子どもたちにも体得されていて、話し合いの途中や教師の説明の間も、絶えず一つのテキスト（『養蚕の一年』『養蚕のアタリを求めて』）をめくる音が響き、どの子の発言も「〇〇ページに書いてあるんだけど……」という言葉が組み込まれている。実際、6年生でも難しいと思われるほど本格的で詳細なテキストだが、どの子もぼろぼろになるほど一字一句を読み込んでいる。

三、学びの表現

古屋さんの実践は「主題—探究—表現」のプロジェクト型の単元学習の典型と言ってよいだろう。子どもたちは〈調べる〉〈つなぐ〉〈表す〉という創造的で探究的な学びを展開し表現していた。「久那土小学校3年生養蚕研究所」という教室名は、その一つの表現で

⬆古屋さんの授業を取材中の筆者。

ある。

　単元学習の終わりの２種類のレポートも素晴らしい。一つは「研究レポート」。わずかＡ４一枚だが、一冊にまとめると「養蚕百科事典」とも言うべき圧倒される内容である。

　もう一つは「おかいこさん物語」（民話づくり）であり、子どもたちがフォルクロアの語り手となって民話世界を創り出している。イヴァン・イリイチの提唱した「ヴァナキュラーな知」の真髄がここに表現されている。この実践の奥行きの深さはすごいものがある。

教師の居方（ポジショニング）について

一、「居方」への着目

世阿弥の『花伝書』は「わざ」を「態」と書いて表している。この「態（わざ）」は物事を処する技法であるが、「技能（スキル）」とは様相を異にしている。「技能（スキル）」は対象や関係や文脈と切り離された主体の能力を意味しているが、「態（わざ）」は対象との関係を生み出す技法であり、ある文脈において創造や表現の場を生み出す技法を意味している。

教室においてこの「態（わざ）」を最もよく表現しているのが、教師の「居方」である。「居方」というのは私の造語である。この言葉で私は、教師の立つ位置の取り方とその立ち位置からの子ども一人ひとりとの関係の取り方を示している。したがって、「居方」は「ポジショニング」と言い換えてもよい。

教室を観察すると、教師の「居方」が授業と学びの成立にとって決定的に重要であることがわかる。授業を行っている当人には意識されないことだが、教室を訪問する私には、その教室に学び合う場と関係が成立しているかどうかが一瞬のうちに判断できる。その最大の要素が教師の「居方」にあると言っても過言ではない。

例えば、優れた教師は、教室のどの位置にいても、絶えず一人ひとりの子どもとつながっており、場面、場面によって、最も適切な位置に身を置いて子どもとの関わりを築いている。子どもの発言を聴くときも、ある子どもには接近して聴き、ある子どもには距離を置いて聴いている。その距離の取り方が、それぞれの子どもに応じて遠からず近からずで、的確なのである。

しかも、いずれの場合においても、発言している子どもの言葉をまるごと受け止めているだけでなく、その言葉を他の一人ひとりの子どもがどう聴いているかを感受し、発言している子どもと聴いている一人ひとりの子どもをつなぐ役割を果たしている。その最も適切な位置に身を置いて振る舞っているのである。優れたベテラン教師のポジショニングは絶妙と言うほかはない。教師の「居方」ひとつ見れば、その教師の授業の構えや力量がどのようなものかを認識することができるのである。

それほど重要な教師の「居方」であるが、ほとんどの教師は自らの「居方」について無頓着であるか、あるいは無意識である。かつて参観していた授業で、子どもの発言が表層的で深まらず、しかも堂々めぐりしているとき、その教師は黒板の前に置かれた小さな椅子に座って、子どもたちと同じ目線の高さで発言と発言をつなぐポジションを取った。大学のゼミナールのような場と関係への移行である。その結果、子どもの思考が深まり、教室のコミュニケーションはより本質的でより探究的なものへと変化した。こういう事柄は授業の中で無数に起こっているが、この教師の場合も、絶妙の「居方」とその変化は無意識に行われていた。

二、教師のポジションとつながりの取り方

ベテラン教師の場合、教室での「居方」は長い経験の中で培われたものと言える。問題は若い教師である。教育実習生や若い教師の授業を観察すると、「居方」を習得した者はほとんどいない。そのため、子ども（生徒）は聴いていないのに一方的に話し続ける授業となったり、誰か一人の子どもの話を聴いたり対応したりすると、他の子どもとのつながりが切れてしまい、いつも教室がざわざわしていたり、あるいは他の子ども（生徒）はまったく聴いていない状況になりがちである。

教育実習生や若い教師は、一人の子ども（生徒）に対応したり全体の子どもに話しかけることはできても、一人の子ども（生徒）に対応しながら同時に他の子ども（生徒）たちとのつながりを維持したり創ることができない。なぜだろうか。

教育実習生や若い教師の教室における「居方」を観察すると、彼らが懸命に子ども（生徒）たちの中へ入ろうと努力しているのがわかる。これでは子ども（生徒）たちとの複雑なつながりを生み出すことも維持することも不可能である。教室において教師は、子ども（生徒）たちの中へ入ろうとする「居方」ではなく、教室の子ども（生徒）全員を自分の身体イメージの中に入れ込む「居方」で立たなければならない。

私は、授業を行う教室はもとより講演を行う会場においても、その教室の学生や会場の聴衆を一人残らず、自分の身体イメージの中に入れて、その聴衆に話すようにしている。自分の身体のイメージ空間の中に聴衆全員を入れることによって、一人ひとりの聴衆とのつながりを創り出しているのである。講演会場が広いと、それだけ自分の身体イメージの空間を広く取ることとなる。ちょうど、トラックの運転手が身体イメージを車体の大きさに広げるのと同様である。

子ども（生徒）たち全員を自分の身体イメージの中に取り込んで教室に立つことによって、教師は自分の軸足をもつことにもなる。よく教育実習生や若い教師が、子ども（生徒）

たちの中に「入ろう」とする「居方」によって、子ども（生徒）全員とのつながりを断って一部の子ども（生徒）に振り回される姿を目にする。

優れたベテラン教師の場合は、教室の子ども（生徒）全員を自分の身体イメージの中に「入れる」という「居方」によって、絶えず一人ひとりの子ども（生徒）とのつながりを維持し、しかも自分の軸足をしっかりと維持しているので、一部の子ども（生徒）に振り回されることはない。

このような教師の教室における「居方」は意識的に努力することで、誰もが職業能力として身につけることができる。経験年数の多い教師でも、教育実習生や若い教師と同様、教室における「居方」を習得していない教師もいるが、子ども（生徒）たちと協同で学びを創造する授業を創るためには、この「居方」を自己修養によって直ちに身につける必要がある。

三、聴くことに開かれた身体

優れたベテランの教師は、すべての子ども（生徒）に対し受動的に身をさらした「居方」で教室に立っている。その「居方」は、長年の経験によって無意識に形成されたものと言えよう。しかし、若い教師でもこの「居方」を身につけることは可能である。

先日、神奈川県茅ヶ崎市の浜之郷小学校を訪問したとき、若い3年目の教師の福田悠子さんの子どもとの関わりが柔らかくなり、教室の「居方」が素晴らしく発展しているのに驚嘆した。2年2か月前、新任教師として浜之郷小学校に赴任してきたときの福田さんは、担任の3年生の子どもたちを前にして、必死で声をあげて語りかけるのに精一杯だった。そのため早くも5月には声帯を痛めてしまい、見るに見かねた私は「新任期に声帯を壊して一生苦労する教師もいるから、まずは自分の声を大切にしたほうがいいよ」とアドバイスしたほどである。

その福田さんが子どもとの関わりを大きく成長させたのは、2年目に1年生を担任したときだった。この学級には洋介（仮名）という指導に困難な男の子がいた。すでに福田さんは柔らかな声で一人ひとりに対応する子どもとの関わり方の基本は身につけていたが、洋介にはまったく通用しなかった。洋介との苦闘の日々を通じて、福田さんは、洋介の理解に苦しむ行為の背後に母親の洋介に対する関わりと子育ての問題があることを知る。それでも洋介との関わりはいっこうに改善されなかった。

そんなある日、福田さんは、洋介の母親の話を聞き、母親も福田さんと同様、洋介を育てることの難しさに悩み七転八倒していることを知り、それまで「許せない」と思っていた母親を初めて受け入れることができたと言う。それ以来、福田さんの洋介への対応は飛躍的に発展し、洋介は見違えるほど成長したのである。

今、福田さんは2年生を担任して、子ども一人ひとりとの細やかで柔らかな関わりを築き、教室で絶妙の「居方」を身につけて、日々、授業にいそしんでいる。若い教師なので教材研究の深まりやジャンプのある学びの組織は不十分だが、誰もが安心して学べる教室が成立しているし、しっとりと穏やかに学び合う教室空間が出現している。何よりも、子ども一人ひとりが個性的でありながら柔らかく、かわいい表情をして自然体で学んでいるのがほほえましい。

その秘密の一つが福田さんの教室における「居方」にある。福田さんは、黒板の前に小さな子ども用の椅子を一つ置いて、あるときは立って教え、あるときはこの椅子に座って教えている。子どもたちに話しかけているときも、福田さんの身体は子どものつぶやきや声にならない声を聴くことに開かれている。福田さんのポジショニングは、子どもによって最も適切な距離を取っており、しかも、発言する子どもと聴いている子どもをつなぐ構えを維持している。ほとんどベテランの教師のような「居方」を福田さんは、わずか3年間で身につけてきたのである。

福田さんの事例は、教師の仕事が「引き受ける」ことからスタートすることを示してい

⬆浜之郷小学校・福田悠子さんによる３年生の授業。

る。一人ひとりの子どもを教育の専門家として「引き受ける」こと、子どもをとりまく家庭や社会の問題を教育の専門家として「引き受ける」こと、そこから教育の実践はスタートする。教室における教師の「居方」は、その具体的な表れであり、授業実践の基本的技法なのである。

子どもの声を聴くこと

―授業実践の基軸―

一、学び合う関係の基礎

子ども一人ひとりが真摯に学び合っている教室には、子ども一人ひとりの声やつぶやきを聴くことに心を砕いている教師がいる。２００７年6月に訪問した四つの中学校、静岡県富士市岳陽中学校、大阪府茨木市豊川中学校、静岡県熱海市多賀中学校、大阪府高槻市第八中学校は、いずれも困難な社会的背景をもつ生徒を多数抱える中学校でありながら、「学びの共同体」の学校づくりを推進することによって生徒たちが一人残らず協同的学びに参加する授業を実現している学校である。これらの学校の改革は劇的であり、奇跡的である。

岳陽中学校は、かつては県内で有名な「困難校」であったが、改革を開始した2年後からは生徒の問題行動は皆無に近い状況となり、不登校の生徒の数もかつての10分の１に激減し、学力は市内で最下位からトップレベルにまで上昇した。今年も1年生の中に12名の不登校の生徒が含まれていたが、わずか2か月後には専門医の治療を受けている1名を除く11名が毎日登校するようになり、仲間と共に学んでいる。

第八中学校も数年前と比較して不登校の生徒数は4分の1程度に激減し、一人残らず生徒の学びの権利を保障する学校へと前進した。多賀中学校は「学びの共同体」づくりを開始した5年前から不登校の生徒はゼロである。豊川中学校は、改革が本格化した2年後にはどの教室でも一人残らず生徒が学び合いに参加するようになり、大規模校であるにもかかわらず、校長室や職員室にいると休日と錯覚するほど静かで穏やかな学校へと変化した。

これらの学校の劇的で奇跡的とも言える改革は、もちろん校長や教師たちだけの力によって実現したわけではない。むしろ、小グループの協同によって互恵的な学び（reciprocal learning）を実現し、生徒一人ひとりを細やかにケアしてきた生徒たちの力に負うところが大きい。これらの学校を訪問するたびに痛感するのだが、子どもは学び続けている限り決して崩れない。家族が崩れようと仲間が崩れようと崩れない。学びの権利は子どもの人権の中心であり、学びは希望の中心なのである。学校が子ども一人ひとりの学びの権利を実現する場所となり、子どもと教師が共に高いレベルの学びを創造する挑戦を開始したとき、子どもたちは驚くべき力を発揮する。学校の改革は、この子どもたちの驚異的な力によって推進されると言っても過言ではない。

しかし、いったい何が子どもたちの協同的な学びを促進し、その学び合いを互恵的な学びへと発展させるのだろうか。岳陽中学校の堤幸士さんによる研究授業（社会「縄文時代の暮らし」1年）、豊川中学校の北畑謙一さんによる研究授業（理科「植物のしくみとつくり」1年）、多賀中学校の出口貴之さんによる研究授業（国語「サーカスの馬」2年）、第八中学校の佐野美郷さんによる研究授業（数学「文字と式」1年）はいずれも、教師が虚心坦懐に子どもの声やつぶやきに耳を傾けることが協同的な学びを促進する教師の活動の基軸であることを再認識させられる素晴らしい挑戦であった。

二、三つの関係で聴く

「聴くこと」こそが授業における教師の中心的活動であることを認識したのは、今から30年前、三重大学教育学部に赴任し、各地の学校を訪問して授業の観察を始めた頃のことである。

滋賀県の豊郷小学校において若林達也さんの文学の授業「川とノリオ」を参観したときの衝撃は鮮烈である。子どもたちの協同的な思考と学び合いがすごいのである。その教室の黒板の片隅で若林さんは黙って静かに子どもの言葉やつぶやきを聴いている。若林さんが行っている活動と言えば、指名のほかはただ聴いているだけであり、子どもたちの思考が行き詰まると、突然、オナラをして教室を爆笑の渦に巻き込むのである。オナラ以外のいったい何が、この教室の洗練された思考と豊かで確かな学び合いを生み出しているのか。私には衝撃以外の何ものでもなかった［若林達也『子どもの読みを開く授業』（解説・佐藤学）国土社参照］。

この衝撃の意味を認識したのは、その翌年、若林さんの研究仲間であった三重県の教師、石井順治さんと豊郷小学校を訪問し、ある教師の授業を参観したときである。同校では午前中に研究授業を公開し、昼休みに音声記録を起こして発言記録を作成して、午後に協議会を行っていた。ところが、この授業者はあがってしまい、テープレコーダーのスイッチを入れ忘れて授業を行ってしまった。その事態を知った石井さんは「じゃあ、僕が作るわ」と言って、私の目の前で１３２にのぼる発言をすべて再現した。それだけでも私には驚異だったのだが、さらに驚いたことに、石井さんが再現した授業記録は、その後、参観者の一人が録音していたテープレコーダーの記録と照合しても、ほとんど一字一句に至るまで一致していた（その後石井さんは27年間にわたって最も親しい仲間となる。）

私が石井さんのように子どもの発言が聴けるようになったのは約2年後である。その極意は一つひとつの発言を関係の中で受容することにある。授業における発言は、その一つひとつが偶然の出来事であるが、同時に必然の出来事でもある。どの発言も見えない織物のように関係し合いつながっている。その関係とつながりを認識することによって、教室のコミュニケーションは生きたかたちを露《あらわ》にする。熟練した優れた教師が、授業の中で子ども一人ひとりに対して創造的に即興的に対応できるのは、この見えない織物のような関係を認識できているからである。

子どもの発言やつぶやきを聴くということは、ただ、その発言やつぶやきの意味を理解することではない。教師が子どもの発言やつぶやきを聴くときには、その発言やつぶやきが、題材（テキストや資料）のどことつながって発せられているのか、他の子どものどの発言とつながって発せられているのか、そして、その子自身のそれ以前の考えや発言とどうつながって発せられているのか、この三つの見えない関係を認識することが必要である。

もちろん、このような聴き方が直ちにできるわけではない。私の場合も、毎年５００以上の授業を参観し検討しても5年にわたる自己訓練が必要だった。日々、授業実践に携わっている教師は、自覚的に訓練すれば、もっと短期間にこの聴き方を習得できるだろう。ぜひ、日々、研鑽してほしいと思う。

この三つの関係で教師が子どもの発言やつぶやきを聴いているかどうかは、授業を観察するとすぐに識別できる。この聴き方で聴いている教師は、発言に対する対応がひと呼吸遅いのである。子どもの発言の受容に「タメ」があると言ってよい。この一瞬の「タメ」が、子どもたちの思考を深くする。

そして、この三つの関係で教師が発言やつぶやきを聴くことによって、子ども同士の発言のつながりも生み出されるのである。授業において「聴く」ことが教師の中心的活動であることの意味はここにある。

三、聴くことでつながる

子どもの声を聴くことの意義は、題材との関係、他の子どもとの関係、その子の前の発言との関係で教室のコミュニケーションの織物のような見えない関係を認識することにとどまらない。ケアリングの教育哲学者であるネル・ノディングズは、ある著書の中で「子どもの発言の意味を受け止める教師は多いが、発言する子どもの存在をまるごと受け止めている教師は少ない」と述べている。なんと含蓄の深い言葉だろう。

そう言えば、先の4人の教師たちは中堅の出口さんを除けば、いずれも若い教師たちであった。その若い教師たちが生徒一人ひとりの発言やつぶやきを若林さんや石井さんのように「見えない織物」まで洞察して聴いていたとは思われない。

にもかかわらず、生徒一人ひとりが真摯に学び合い、一人残らず参加して協同的な学びを実現していたのは、この教師たちが、ただ発言の意味を理解しようとしていただけでなく、ノディングズの指摘するように発言する生徒一人ひとりの存在をまるごと受け容れていたからに違いない。少なくとも、その虚心坦懐に耳を傾ける教師の姿勢が、子どもたちの学び合いを支えていたことは事実である。

それにしても教職2年目の北畑さんや佐野さんが、なぜ、ベテラン教師も驚嘆するような協同的な学びを実現できたのだろうか。その秘密は、この二人が「いい発言をつないで授業をつくる」のではなく、どの子の発言も素晴らしいという姿勢で授業に臨んでいたことが挙げられる。彼らは「授業づくり」ではなく「学び合いづくり」に専念し、心を砕いていたのである。

それともう一つ、出口さんも共通していたのだが、北畑さんも佐野さんも、二つの小グループによる学び合いとその中間の全体の話し合いという三つのステージで授業を構成していた。三つのステージによる構成はシンプルである。授業の構成がシンプルだから、出口さんも北畑さんも佐野さんも、柔軟に細やかに豊かに子ども一人ひとりの発言やつぶやきに対応できていた。

⬆岳陽中学校の堤教諭による授業。

どの教師でも授業を四つ以上のステップで構成すると、自らの授業のシナリオの遂行と修正に多大の意識を注ぐことになり、子どもの発言やつぶやきに対する繊細で柔軟な対応は不可能になる。子どもも一人ひとりの発言やつぶやきに対して繊細で柔軟になるためには、授業をシンプルに構成する必要がある。授業実践において聴くことの意義は奥が深い。

職人としての教師
―クラフトマンシップ―

一、「専門家」と「職人」

教師は複雑で知性的な実践において高度の省察と判断を求められる「専門家（professional）」であると同時に、経験によって培われた洗練された技と知恵によって実践を遂行する「職人（craftsman）」でもある。いくら教育の「専門家」として教職や教科についての最先端の知識や深遠な理論を身につけていても、教育の「職人」として授業実践の「技」や実践経験による「知恵」を体得していなければ、その教師はまっとうな仕事を遂行することはできないだろう。

それと同様、いくら教育の「職人」として授業実践の「技」や実践経験による「知恵」を体得していたとしても、教育の「専門家」として教職と教科に関する洗練された知識と理論に精通し、知性的な「省察」や「判断」を行うことができなければ、その教師は、授業実践を統制する伝統的な枠組みから脱出することはできず、狭い経験と独善的な思考に呪縛されて、授業の改革も学校の改革も遂行することはできない。

教師の仕事の公共的責任も授業実践の「妙花」（『花伝書』）も教師のこの二つの性格、すなわち「専門家」としての性格と「職人」としての性格によって支えられている。その二つの性格のうちこの章でとりあげるのは、「職人」としての教師の性格である（「専門家」としての教師の性格は次章以降で検討したい）。

「専門家」としての教師についてはほとんど語られてこなかったのに対して、「職人」としての教師の性格については、これまで十分すぎるほど語られてきた。「教師は授業のプロである」「授業において教師は〇〇すべきである」などなど、これまで授業実践について語られてきた教師に関する言説のほとんどが、「職人」としての教師の資質や能力や態度に関する事柄である。

もちろん、そこには背景がある。欧米社会において教師は他の職人と同様、ギルド組織を基盤として成立したのであり、その養成や研修は「徒弟制（apprenticeship）」に基づく「模倣」と「訓練」によって行われていた。この「職人」教育の伝統は、近代学校が制度化され師範学校が成立しても基本的に変わることはなかった。師範学校は「職人教育」の機関として成立し普及したのである。

現在でも大学における教員養成は「教育実習」という体験的訓練によって締めくくられている。これ自体、教師の養成が「専門家」の教育としてではなく、「職人」の教育として組織されていることを意味している。

また校内研修の研究授業の協議会において「どう教えるべきか」という授業技術に関する内容が中心に話し合われているのも、教師の研修が「専門家」の教育としてではなく「職人」の教育として行われていることを示している。

しかし、現実の教職生活や教師の養成や研修において、「職人」としての教師の性格は十分に機能しているだろうか？

二、職人気質（クラフトマンシップ）

まず「職人」であることの意味を掘り下げておこう。建築家の清家清《せいけ》は、在来工法を支えてきた「職人」と「材料」が双方とも失われた現実を指摘した文章において、「職」という言葉がもともと「たいへん高度のプロフェッショナル」を意味し、「有職（ゆうそく）」は「いちばんの高級技術者」を示していたと述べている。

清家が言うとおり、例えば東京工業大学は1881年に「東京職工学校」としてスタートするが、産業革命によって大工場生産が普及し「職工」や「職人」を荒廃させる前は、「職工」や「職人」は最も高度の技術者を意味していたのである（清家清『やすらぎの住居学』情報センター出版局、１９８４年）。

さらに清家はこの「職」という漢字が「耳」と「音」と「たすきがけ」の三つの部位で構成された文字であることに注意を喚起し、「職人」の仕事の中心に「聴く」行為があると言う。古来、建築の「職人」は、依頼主の声を聴くだけでなく、土地の声を聴き、材木の声を聴くことによって住まいを建てたのである。

白川静の『字統』によれば「職」は耳に呪術の飾りをつけた様子を示した文字である。言葉に呪術の飾りをつければ「識る」になることを考えれば、「職」は〈神の声〉を「聴くこと」によって遂行される人の営みを指していると言ってよいだろう。「聴く」の「聴」は、古くは右部が「聡」で示されていたように、神の声を聴き、悟りを開く人の様子が表されている。「職」は、神の声を聴き、神の技を借りてモノを生み出す仕事を意味する言葉であった。

教師に話題をもどそう。

「職人」としての教師の性格も「聴く」ことに集約的に表現されている。これまで20か国以上の学校を訪問し、それぞれの国々で優秀な教師として評価される人々に「教師にとって最も大切な能力は何か」という質問を尋ねてみた。そのほとんどは「聴く力」という回答であった。

ここで言われる「聴く力」は、もちろん子どもの声（発言やつぶやきだけでなく、声にならない沈黙の声も含む）を聴き取る力を中心としているが、それにとどまるものではない。テキストの中に隠された声を聴き取る力、そして教師自身の内なる声を聴き取る力も含まれている。

「聴く」という行為が「職人」としての教師の中心をなすのはなぜだろうか。教室の対話的コミュニケーションを成立させるためには、何よりもまず教師が「聴く」行為を基盤とするコミュニケーションの関係を、子どもとの間に成立させることが前提となることが最大の根拠であることは言うまでもない。それに加えて、さらに次の二つの理由があると思う。

一つは「聴く」という受動的行為によって教師の想像力が触発されるからである。教室において「聴く」ことに専念している教師は、子どものつぶやきや沈黙の声を聴き、テクストの隠された声を聴き、自らの内なる声を聴きながら、目の前で展開されている学びの潜在的な可能性を探っている。ちょうど家具職人が木材の一つひとつから、その素材のもつ潜在的な可能性を探り出すように。

もう一つは「聴く」という受動的行為によって、子どもをまるごと受容し、教材の課題をまるごと引き受け、自らの内なる声をまるごと受け容れていることがある。「職人」としての教師は、子どもの声を聴き、テクストの声を聴き、自らの声を聴くことによって、その仕事を最も洗練されたものへと導いているのである。

三、三つの規範

したがって、教室に一歩踏み込めば、その教師が「職人」としてどれほどの「技」と「知恵」をもって仕事をしているかは一目瞭然である。それほど「職人」としての教師の能力のレベルは明示的である。教職の専門職化が叫ばれる今日、「職人」としての教師の能力は軽視される危険性があるが、しかし、教師が「専門家」として成長するうえで、「職人」としての教師の性格は決して軽視されるべきではない。

科学者、画家、音楽家、医師、弁護士などの例を見ればわかるように、優れた「専門家」は、「職人」としての技や能力や態度においても「職人」と同等もしくはそれ以上に優秀である。教師も例外ではない。

「職人」としての教師の性格を強調することは、教師のモラールや倫理を高めるうえでも重要である。例えば、ごみが雑然と散らばった教室で平気で授業を開始する教師、子どものおしゃべりが続いても一方的に話し続ける教師、必要最小限の言葉で語りかけるのではなく、必要以上の言葉を次から次へと発している教師、教科内容の概念を曖昧な不明瞭な言葉でしか表現できない教師、これらは、いずれも「職人」としての教師の仕事がなおざりにされている例である。

「職人」としての教師の資質は、何よりもその「職人気質（craftsmanship）」に表れる。「職人気質」のしっかりとした教師の仕事は、繊細であり、丁寧である。逆に、「職人気質」をもたない教師の仕事は大雑把でムラがあり、細やかさと丁寧さに欠けている。まずは、どの教師も「職人」と呼べるにふさわしい仕事の細やかさと丁寧さを身につけることから精進したい。

私は、いつも教師たちに「職人気質」として次の三つの規範を求めてきた。その第一は、子ども一人ひとりの尊厳を大切にすることである。第二は、教材の可能性と発展性を大切にすることである。そして、第三は教師としての自らの哲学を大切にすることである。

この三つの規範のうち、一つだけを大切にすることは容易である。子どもを無視して教材だけを大切にする教師、教材を無視して子どもだけを大切にする教師、子どもや教材を無視して自分の哲学に固執する教師、それらは「職人」としても「専門家」としても著しく教師としての資質を欠いていると言うべきだろう。

しかし、日々の実践においてこの三つの規範を三つとも貫くことは至難である。現実の授業において、これら三つの規範はいずれも相互に矛盾し合い、衝突し合うからである。しかし、この三つの規範がいかに矛盾し、衝突し合おうとも、どの一つの規範もないがしろにせず、その旗を高く掲げて授業を創造している教師を私は尊敬し、敬愛する。

もっと言えば、授業の巧拙や授業の結果の成否はどうでもよい事柄である。どんなに困難であろうとも、子ども一人ひとりの尊厳を尊重し、教材の可能性と発展性を尊重し、教師自らの哲学を大切にしている教師こそ、教師として信頼にたる「職人気質」を会得した教師だからである。

技の伝承と学び

―職人としての成長―

一、花は心、態は種

世阿弥の『花伝書』は「花を知らんと思はば、先づ、種を知るべし。花は心、種は態（わざ）なるべし」と述べている。ここで「花」とは能の表現の美であり、「態（わざ）」とは表現の技法である。

この一節を読んで思い起こすことがある。教室を訪問し始めた28年前、私は「すぐれた授業」を追い求めていた。「素晴らしい」と評される噂を聞いては各地の学校を訪問し、著名な教師の授業を参観して「すごい」「すごい」と感嘆していた。世阿弥の言葉を借りれば、「花」それも「妙花」ばかりを追い求めていたのである。

「妙花」の授業から学ぶことは多かった。授業によって開かれる子どもの可能性の素晴らしさには涙を流すほどの感激を覚えたし、それらの教師の技法は授業実践の奥行きの深さを示していた。そして数年後には、ただ「妙花」を追い求めるだけではあきたらず、自らも教壇に立って授業実践に挑戦するようになった。教室の事実を理解するためには、観察者のまなざしで認識するだけでなく、実践者のまなざしで認識する必要がある。実際に10年以上、毎週、学校を訪問して授業を参観するたびに、教室を借りて自ら授業を行うことを続けた。

当時勤務していた三重大学の同僚であった宮坂義彦さんは、斎藤喜博の授業技術の伝承において卓越しており、宮坂さんと同行して訪問した学校では、実に多くの技術を宮坂さんから教えていただいた。特に、宮坂さんの体育や合唱の指導は斎藤喜博の授業技術のエッセンスを継承し、宮坂さん自身の豊富な経験に裏打ちされ、合理的に整理されていて、一つひとつ納得しながら身につけることができた。

そして5年後には、私も体育の授業では子どもが一人残らずマットや跳び箱運動を「できるようにする」ことができ、合唱指導では子どもたちや参観者を感嘆させる美しい響きを生み出す授業を創造できるようになった。他の教科でも同様である。

しかし、もう一方で私は、いつも自分の何かが間違っていることに気づきながら、何が間違っているのかを認識できてはいなかった。その誤りに気づかせてくれたのは、私の講義やゼミナールを受講して教壇に巣立っていった若い教師たちである。彼らは、新任の初々しい教室に私を招き、いつも山ほどの悩みをぶつけてきた。私は、私の教育学が彼らの悩みや教室の事実に対して無力であることを痛感させられた。

若い教師の授業を参観して、その欠点や改善すべきところを指摘するのは容易である。しかし、日々悩み苦闘している若い教師の授業を参観し、欠点や改善すべきところをあれこれ指摘したとして、その教師の何の支えになるだろうか？　周囲の人間が寄ってたかって欠点の改善点の指摘を行えば、若い教師は混乱するだけで、せっかくの若さが生み出す「花」もしおれさせてしまう。その若い教師の将来の「花」のもとになる「種」を探り当て育てなければならないのである。

二、上手は下手の手本、下手は上手の手本

若い教師の授業を参観して欠点を指摘することは誰にでも容易だが、授業の事実に即してその教師の成長を支える、的確な助言を行うことは至難である。若い教師の実践においては、あまりに複雑な事柄がもつれた糸のように絡み合っているからである。

若い教師たちとの協同によって、私は「すぐれた授業」「すごい授業」ばかりを追い求めていた自分の浅薄さを反省した。研究者としての私が追うべき責任は、授業実践の頂点

に立つ教師たちの後追いではなく、日々、混乱と困惑の中で苦闘している圧倒的多数の教師たちの実践への協力である。「妙花」を追い求め、「すごい」「すごい」と自己満足に浸るのではなく、目の前の一人ひとりの教師の「花」を準備する「種」を深く研究する必要がある。私たちは「すごい教師」ではなく、「通常の教師」特に若い教師たちから、もっともっと学ぶ必要がある。

『花伝書』は「上手にもわろき所あり。下手にも、よき所必ずあるものなり」と述べ、次のように記している。

「上手にだにも上慢（うぬぼれ）あらば、能は下るべし。いはんや、叶はぬ（上手でもない）上慢をや。よく〳〵公案（考察）して思へ。上手は下手の手本、下手は上手の手本なりと工夫すべし。下手のよき所を取りて、上手の物数に入るる（芸の一つに入れる）事、無上至極の理（ことわり）なり。人のわろき所を見るだにも、我が手本なり。いはんや、よき所をや」

世阿弥の言うとおりである。私自身は恥ずかしいことだが、このことに気づくのに10年近くを費やしてしまった。その間に接した教師は数万人にのぼる。「花」を追い求め、傲慢であった私の関わりに、深くお詫びしたい。私は根本において間違っていた。「すごい教師」を探し求めるのではなく、日頃接している一人ひとりの教師の「花」を探り当て、その「種」に学ぶべきだったのである。

そのことに気づいた頃、いつも研究会で接している50代のベテランの中西さん（三重県四日市市の小学校教師）の授業を参観する機会があった。物静かな中西さんは、いつも口癖のように「若い人から学ぶことは多い」「私は年をとっているから、とても若い人のようには歩めない」と言って授業づくりに専念し、その結果、若い教師たちに親しまれていた。その中西さんの授業を見て、子どもたちの学びの質の高さにも驚嘆したが、それ以上に彼女のまばゆいほどの初々しさと柔らかさに驚嘆した。定年間近だというのに、乙女のような若々しさなのである。

世阿弥の言葉で言えば、「時分の花（年齢的な若さによる花）」ではなく、長年の修養による「誠の花」の素晴らしさである。中西さんは大変な読書家であり、その教養が「誠の花」の「種」であることは明らかだった。彼女は「誠の花」を私に認識させてくれただけでなく、その「種」の所在も教えてくれたのである。

三、技法を学び伝承すること

その当時流行していた教師教育の方法として、「マイクロティーチング」という教育工学の方法がある。教師を志望する学生が模擬授業を行って、その授業をチェックリストによって技能ごとに評価し、欠けている技能をトレーニングする方式である。この方式は流行したわりには成果を収めたとは言いがたい。その根本的欠陥は授業の技術を個々の「技能（skill）」の集合と考えた点にあると思う。

授業の技術は「技能（skill）」ではなく、「技（craft）」あるいは「技法（art）」である。授業実践は日常的行為ではなく、創造的行為だからである。授業の技法を個々の「技能」に分解し、それを授業実践の文脈から切り離してトレーニングしても、その「技能」が授業において生きることはほとんど望めない。もし授業に関わる「技能」で個別にトレーニングすることによって授業に生かされる「技能」があるとすれば、それらの「技能」はわずか数時間、せいぜい数日の訓練によって形成される類の「技能」であって、とりたてて教師の教育や研修で行うような内容ではない。

職人としての教師の技術は「技能」ではなく、「技」あるいは「技法」である。その伝承と学びは「模倣」を基本としており、「徒弟制（apprenticeship）」によって伝承し学ばれるのが最も適している。徒弟制の学びにおいては、初心者は親方や先輩から事細かに指導され、助言されて学ぶのではなく、親方や先輩がモデルを示し、初心者はそのモデルを模倣することによって実践のスタイルと技を身につける。

このような教えることを最小限にした指導方法を「メンタリング」、自らモデルを示しながら後輩を育てる親方や先輩を「メンター」と呼んでいるが、職人としての教師の「技」や「技法」は、教師コミュニティにおける「模倣」と「メンタリング」によって伝承され学ばれるべきなのである。

「技」や「技法」の学びにおいて重要なのは、個々の「技能」のトレーニングではなく、実践の全体像（ヴィジョン）の獲得であり、スタイル（型）の形成である。その意味で、授業実践を改善するためには、個々の技能を問う前に、授業実践のヴィジョンを形成し、その全体像を模倣することから出発するほうが有効である。授業改革のヴィジョンもなく、教師個々人のスタイルも形成されない研修の効果は乏しいと言ってよいだろう。

多くの教師は「妙花」を求めるあまり、隣の教室の教師から学ぶことを怠っているし、最も身近な同僚から学ぶことをおろそかにしている。一言で言えば、学び下手である。さらに多くの教師は「花」を追い求めるあまり、「花」のもとである「種」について無頓着である。日々の修養をとおして「種」を育むことが求められるのに、「花」に目を奪われ、「花」の育て方や咲かせ方に意識を奪われていると言ってよい。

最後にもう一つ。ほぼ20年前のエピソードを紹介しよう。初任者教師の小学校1年の教室を参観したときのことである。一人の男の子が落ち着かず、立ち歩き騒動を起こしては

⬆静岡県富士市立元吉原中学校にて、新任教師の授業風景。

教師に注意されていた。授業参観後の検討会で、私を含め教師たちは発問の技術や授業の展開について議論していたのだが、校内で最も年上の女性教師は初任の授業者にこうアドバイスした。

「あの男の子の両手を見た？　左手だけ爪を切っていたでしょ。あの子は親のケアに飢えているのよ。たっぷり依存させるところから対応したほうがいいわよ」。経験によって「種」を培ったベテラン教師は見る眼が違うのである。

専門家として育つ
―教職の専門職性をめぐって―

一、専門家としての教師

教師は「職人（craftsman）」であり同時に「専門家（professional）」である。これまで「職人」として育つ教師の成長について述べてきたが、この章から専門家として育つ教師の成長について叙述することにしよう。もちろん教職の本質は専門家のほうにあり、現在、最も必要とされるのは専門家としての教師の成長である。

教師が専門家（プロフェッショナル）であることは自明のように語られている。しかし、教職の専門職性は決して自明のことではない。例えば、「教師は授業のプロである」と言われるが、この「プロ」と言われている内容は「専門職性」というよりは、むしろ「職人性」としての意味を示している。

そもそも、日本においては「専門家（プロフェッショナル）」という概念が成熟していないという現実がある。欧米において「専門家（プロフェッショナル）」という言葉は、もともと「神の宣託（profess）を受けた者」を意味し、近代以降は「公共的使命（public mission）とその倫理的責任」と「高度の知識と技術」と「自律性（autonomy）」において定義される仕事の領域を示している。したがって、欧米においてまず「専門家」と呼ばれたのは牧師であり、次に大学教授（professor）、そして近代以降に医師と弁護士が加わっている。

したがって「専門家」とは「公共的使命」とその実践能力と自律的責任によって定義される職業領域であるが、このような意味における「専門家」の概念は日本においては未だ成熟してはいない。そのため、しばしば「専門家」は同じ訳語をあてられた「スペシャリスト」と混同されたり、あるいは「アマチュア」と区別される「特定の職業」を意味するものと誤解されてきた。

改めて教師は「専門家」であるか？　と問い直してみると、教職の専門職性はそれほど自明のことではないことは明らかだろう。現実の教師は、医師や弁護士や大学教授のように専門家としての自律的な自由を保障されていないし、専門家協会（医師会、弁護士会、学会）を組織していないし、専門家にふさわしい教育と研修（大学院レベル）を確立していないし、専門家としての倫理を問われていないないし、その自律的責任を自己管理する倫理綱領をもってはいない。日本において教師は法制的には「教員」と呼ばれ、戦前においては「国家の僕《しもべ》」、戦後においては「公衆の僕」として位置づけられてきた。

しかし、教師は専門家として再定義されるべきであり、専門家としての自律性と地位を確立すべきであり、専門家としての倫理と責任を問われるべきであり、専門家としての成長を実現すべきである。子ども一人ひとりの幸福の実現と平和で民主的で平等な社会の建設という公共的使命において、教師の仕事は医師や弁護士や大学教授の果たしている役割と責任とを比べて、決して劣るものではない。その意味では、教師の仕事は言葉本来の意味で最もプロフェッショナルな職業と言ってもよいだろう。

しかし、教師が専門家と見なされる場合も「マイナーな専門家」として消極的な意味が与えられてきた。医師や弁護士のように「高度な専門的な知識や技術」が確定していないからである。そのため、教師は誰にでも務まる「安易な仕事（easy work）」と見なされてきた。一般の人から見れば、教師は子どもの頃から日々目の当たりにしてきた最も身近な職業であり、「人間性」と「情熱」と「技能」さえあれば誰にでも務まる職業に見えても仕方がないのかもしれない。この素朴なイメージはテレビの「教師もの」ドラマやワイドショーにおける教師バッシングによって、日々強化されている。

それどころか、近年は国や都道府県の推進する教育改革においても、教師の仕事は誰にでも務まる「安易な仕事」として扱われ、「公衆の僕」として「納税者へのサービス」を強化する改革が矢継ぎ早に断行されてきた。その結果は異様である。デパートに挨拶の研修に行かされる教師、企業に社会性と勤労態度の研修に行かされる教師、予備校に授業技術の研修に行かされる教師、校長や保護者に点数で評価される教師などは、世界のどの国にも見られない異様な光景である。

それだけに教師は自らの公共的使命とその責任を自覚し、教育の専門家として日々研鑽し、専門家の名にふさわしい実践を創造し、教職の自律性と地位の向上に努めなければならない。教室において日々粛々と授業実践を創造し続け、専門家として成長し続けることこそが最も意義ある闘いなのである。

二、専門家としての教育と研修

これまで教師が「マイナーな専門家」と見なされてきたのは、医師や弁護士と比べて実践の基礎となる「科学的技術」や「専門的理論」が曖昧で未成熟だからであった。それによって教師の仕事は誰にでも務まる「安易な仕事」と見なされてきた。

しかし、教師の実践の基礎となる「科学的技術」や「専門的理論」が曖昧で未成熟であるのは、教師の仕事が誰にでも務まる「安易な仕事」であることによるのではなく、むしろ教師の仕事が複雑で高度の見識を必要とされる実践だからである。その意味で、教師は「専門家になれない専門家（impossible profession）」と言ってもよいかもしれない。

教師の実践は「職人」としての性格と「専門家」としての性格を併せ持つと述べたが、「職人」としての性格は気づきと技と構えにあり、その学びの基本が模倣（まねび）にあるのに対して、「専門家」としての性格は洞察と思考と判断にあり、その学びの基本は実践的経験と科学的知識の結合、理論と実践の統合にある。すなわち、専門家教育（professional education）の本質は、実践的経験と科学的知識の結合、理論と実践の統合による「判断（judgment）」の教育にある。

したがって、医師においても弁護士においても、教育と研修の中心は事例研究（ケース・メソッド）に求められてきた。教師においても同様である。教師の教育と研修においても、授業実践の事例研究がその中核に置かれなければならない。

三、教職の基礎としての三つの教養

教師の実践を外から見ると「職人」としての性格が顕著だが、実践者の内側から見ると

「専門家」としての性格が中心であることが知られるだろう。授業のデザインにおいて何を教材の核として設定し、どのような資料を準備し、どのように活動を組織するのか、その授業の遂行において、どの子どものどの発言を取り上げて、それらの発言のどれとどれをつなぎ、どのような探究活動を促進するのか……。これらすべてが教師の認識と思考と判断によって遂行されている。その意味で、教師の実践は外からは「見えない実践(invisible practice)」である。

最近、学校を訪問し、教室で授業を参観して痛感することの一つが、授業の形式は整っていても内容がない授業が多いことである。

文学的な意味で言葉が豊かにならない授業、算数の技能は形成されていても数学的意味が衰弱している授業、会話の技能は訓練されていても英語としての言語教育が貧しい授業、実験は行われているが科学的探究が成立していない授業、資料による事項の認識は成立しているが社会事象のつながりや対立が消されている授業などである。これらの教室では授業のかたちは成立していても学びは成立していない。(当然、教師の関心は、子ども一人ひとりの学びよりも、もっぱら授業の形式や進め方にある。どうする? どうする? の世界である。)

授業としては成立していても学びが成立していない授業。授業としては整っていても、内容が乏しい授業。教科書は教えられているが、教科書の背景にある学問や芸術とのつながりが断たれた授業。これらの現象の基盤に、今日の教師と子どもが陥っている深刻なニヒリズムがある。科学的な知識や芸術的な文化などどうでもいいというニヒリズムである。このニヒリズムが専門家としての教師の成長を内側から妨げている。

専門家としての教師の教養は三つの領域の教養によって支えられている。一つ目は一般教養であり、二つ目は教科の教養であり、三つ目は教職教養である。今日の授業に見られるニヒリズムは、この三つの教養の欠落もしくは衰退と結びついているように思われる。教師が本を読まなくなったとよく指摘されるが、それ以上に、教師が美術館やコンサートや市民の研究会から姿を消している。多忙な仕事に追われて学校と家庭に閉じこもり、教育の専門家としての教養も市民としての教養も衰退させているのではないだろうか。

西洋東洋を問わず、古来、教えるという不遜な仕事を教師が行うことができたのは、教師自身が他の誰よりも読書をし、学んでいたからである。よく学ぶ者のみが教壇に立つことを許されたのである。そのおおもとが崩れているとしたら、これこそ教育の最大の危機と言うべきだろう。

教師は「教える専門家（teaching profession）」であると同時に「学びの専門家（learning profession）」でなければならない。知識が高度化し、複合化し、流動化している知識社会においては、なおさらそうである。小学校の教師にとって全教科の学問的教養を高めることは難しいだろうが、今教えている単元について新書の一冊でも専門書を読むことは教室の学びの内容をわずかずつでも豊かにすることにつながる。ぜひ、そこから着手してほしい。

専門家として学ぶ
―学びの専門家としての教師―

一、専門家としての教師

職人としての教師の能力が「技（craft）」とそれを支える「職人気質（craftsmanship）」にあるとすれば、専門家としての教師の能力は「省察（reflection）」と判断（judgment）」とそれを支える「専門的見識（professional wisdom）」にある。「技」は模倣によって伝承されるが、「専門的見識」は経験と理論の省察によって形成される。

教師の仕事は人々が想定している以上に知的な仕事である。「知っていることの最大の証は教えることができることである」（アリストテレス）と言われるように、教える内容について教師が十分に認識していなければ、その授業は恐ろしく貧しいものになるだろう。

先日もある小学校を訪問したとき、教職3年目の教師が「教師になって初めて掛け算の意味を知ることができた」と語っていた。その教師は九九を教える前に「掛け算の意味」

を理解させるために、3ダース、4ダース、5ダースのジュースの本数を求める教材を開発して授業を行っていた。掛け算は累加以上の意味をもっているのだが、その数学的意味を認識しなければ、掛け算を学ぶことと割り算を学ぶことや分数を学ぶことのつながりを生み出すことは不可能だろう。

しかし、一般に教師の仕事はそれほど知的な仕事とは認識されていない。九九は誰にでも教えられると思われている。幼稚園の教師には数学や科学や文学は不要であると思われているし、小学校の教師も中学校の教師も、教科書に載っている事柄を説明できれば十分であると考えられている。その証拠に、幼稚園教師の養成において数学や科学や文学は教えられていないし、小学校教師の養成においても数学をわずか2単位履修するだけで教員免許状が発行されている。端的に言って、日本の教師は教科書の内容を教えることはできても、その実質的内容である学問や科学を教える教養を欠落している。

文部科学省から「学力向上」の研究指定を受けて3年間算数の授業改善に取り組んだ小学校を訪問したときのことである。連日夜遅くまで研究会を重ねて公開研究会を迎えたと言う。

しかし、どの授業を参観しても騒々しく作業を進めているのだが、数学的に無意味な活動が多く、学びは混乱していた。研究会の席上で教師たちに「3年間にわたる研究期間の間に、数学の本を一冊でも読んだ人はおられますか?」と尋ねたところ、皆無であった。数学書を一冊も読まずに推進される算数の授業研究、これが今日の学校で行われている教師の授業研究の実態である。

教育内容や教科書の内容が貧弱なことも教師の仕事を専門家から遠ざけている。フィンランドの中学校では「生物」だけで一冊300ページほどの充実した教科書を8冊使って授業が行われている。訪問した中学校の「技術科」では、自動車(ゴーカート)の設計と製作、コンピュータによる家具のデザインと木工製作、エレキギターの楽器、アンプ、スピーカーの設計と製作が行われていた。アメリカでは飛行機の設計と製作と販売を行っているハイスクールもあった。日本の中学校では今も本棚の木工と電気スタンドのキット製作が行われているのみである。

二、学びのデザイナーとして

子どもの学びを省察し、デザインし、組織する活動においても、教師は高い専門的見識を求められている。しかし、ほとんどの教師は、学びを省察し、デザインし、組織するうえで必要な学習科学についての理論や知識を持ち合わせていない。カリキュラムに関する知識や理論も教師たちはほとんど持ち合わせていないのが実態である。これでは、専門家としての教師の中核的な実践であるカリキュラムの創造も学びのデザインも遂行しようがない。

私は約15年前から「学び」という概念を提示して、カリキュラムと授業実践を再構築することを提唱してきた。私の提示した「学び」の概念は「対話的実践としての学び」であり、モノとの対話（世界づくり）、他者との対話（仲間づくり）、自己との対話（自分づくり）の三つの対話的実践としての学びである。この学びの概念は、ヴィゴツキーの心理学、デューイの教育学、フーコーの哲学などをベースとして私自身が考案し、実践的に概念化したものであるが、「学び」という用語とともに私の予想以上に多くの教師たちに受容されていった。

この例が示すように、教師が教育の専門家として授業を創造するためには、その実践をデザインし遂行する理論が必要である。「学び」についてのなんらかの理論を身につけることなしに、教室において「学び」をデザインし組織することは不可能である。

学習科学の知識なしには、なぜ協同的な活動が学びにおいて重要なのか、なぜ対話的コミュニケーションが探究活動を促進するのか、なぜモノを媒介とする活動的作業が概念の形成において必要なのか、そもそも数学的概念はどのように形成されるのか、などの問いに答えることはできない。

また、科学哲学や歴史哲学の知識なしには、科学的探究はどのように組織されるのか、科学的探究はどのような思考活動を意味しているのか、歴史的概念はどのような性格の概念なのかという問いに答えることはできないし、文学理論や芸術理論なしには、文学的表現とはどのような表現なのか、芸術的表象はどのような表象なのかについて答えることはできない。

授業実践における学びの促進と組織は、このような諸科学や諸理論を総合した絶え間ない選択と判断の実践であり、その経験の省察と反省によって遂行されている。教師の実践は、すぐれて知的で創造的な実践なのである。

しかし、学習科学や関連諸科学に精通したからと言って、その教師が学びのデザイナーとして創造的な実践を遂行できるわけではない。学びのデザイナーとしての教師にとって学習科学の知識や関連諸科学の理論は、必要条件であっても十分条件ではない。このことは容易に知られるだろう。

数学に精通した人が必ずしも数学の授業実践を創造的に遂行できるわけではないし、教育学や心理学に精通した人が必ずしも優れた授業者ではない。ここに、教師の専門家としての成長のもう一つの壁が横たわっている。

三、教師の思考と見識

なぜ学習科学や関連諸科学に精通することが、専門家としての教師の必要条件であっても十分条件ではないのだろうか。そして、その壁を教師たちはどのような方法で克服しているのだろうか。

学習科学や関連諸科学に精通したとしても、必ずしも授業実践を創造的に展開できない最大の理由の一つは、教師の実践がそれらの諸科学では解明されない「不確実性（uncertainty）」によって支配されているからである。

授業実践は、それを遂行する教師の個性、教材の特殊性、対象とする子どもの個性や多様性、その授業実践が行われる教室や学校や地域の個性や多様性によって千差万別の様相を呈する。その意味で、授業実践は「科学」や「技術」以上に「見識」や「アート（技法）」によって支えられていると言ってよいだろう。

「見識（wisdom）」は経験の省察からもたらされる知であり、選択や判断に関わる「叡智（プロネーシス）」の伝統をひく知の様式である。

確かに創造的で経験豊かな教師は、どんな教育学者や心理学者も語りえない学びの真実を経験に即して生き生きと語り、授業実践においても絶妙の省察と判断を行っている。この「実践的見識（practical wisdom）」に教職の専門職性の真髄があることは確実である。

近年の教育学は「反省的実践家（reflective practitioner）」という表現で、教師の実践の複雑な知的性格と授業実践を特徴づけている「不確実性」に対処する教師の特有の知識や思考のあり方に注目してきた。

専門家としての教師は、専門家としての教師らしい固有の方法で、授業実践において直面する数々の問題を構成し、その解決を行っている。専門家としての教師とは、教室という複雑な文脈で行われる授業という文化的社会的実践において、教師らしい問題の表象と解決を遂行する「思慮深い教師（thoughtful teacher）」なのである。

しかし、専門家としての教師らしい「実践的思考」や「実践的見識」はどのようなものなのか、について十分に解明されているわけではない。それぞれの教師の経験の省察によって形成され、しかもその多くが「暗黙知」として機能しているからである。それを実証的な科学によって解明したり、初心者に伝えるのは至難の業である。

譬えて言えば、自転車に乗る能力のようなものと言ったらよいだろう。自転車に乗れる人は「暗黙知」として身体に自転車を操作し、バランスを維持する理論を形成している。しかし、それを他人に説明することはできない。また自転車に乗る人の行動を実証的な科学的探究によって解明することも困難である。ハンドルの持ち方、サドルへの乗り方、ペダルのこぎ方といくら分析的に説明したとしても、自転車に乗れない人に乗り方を伝えることは不可能である。

複雑な文脈で遂行される高度に知的な活動である教師の仕事における「実践的思考」や「実践的見識」は、教職の専門職性の中核をなしているのだが、その「実践的思考」や「実践的見識」を学ぶことは、どのようにして可能なのだろうか。

「教師花伝書」と銘打った本書は、次章以降、専門家としての教師の学びをどう実現するのかというテーマに接近したい。

ベテラン教師の授業から学ぶもの

一、教職の専門性を支える三つの教養

教師が専門家として授業実践を遂行する能力は、何によって構成され、どのように機能しているのだろうか。このテーマは最近25年間の世界の教育学研究の中心テーマの一つであった。

その研究成果の概要を紹介すると、教師の専門家としての実践は人々が想定している以上に複雑であり、高度に知的な実践であること、教師の専門家としての実践を支える知識ベースは「不確実性」に満ちており、「反省的実践」によって形成される性格をもっていること、教師の専門家としての実践は「暗黙知」（勘やコツ）によって機能している部分が多いが、それらの「暗黙知」は教師自身の豊かな経験と同時に確かな知見によって支えられていること、教師の専門家としての成長は一人では達成されず、創造的実践に挑戦す

る「同僚性」を基盤とする専門家共同体において達成されること、などである。

これらの研究は、教師の専門家としての力量が「生得的な資質」ではなく「学習される知的能力」であり、同僚とともに実践の事実から学び、実践と理論を統合する不断の過程であることを示唆している。また、教職の専門性の知識ベースは人間と社会に関する幅広い一般教養、教科の基礎をなす学問教養、授業実践の方法を支える教職教養（教育学）の三つの教養によって構成され、それら三つの教養を授業実践において統合する事例研究の重要性が示唆されている。

最新の教育学の知見は、これまでの現職教育に反省を促している。これまで大学や現職研修センターの提供する現職教育のプログラムは、授業実践を「イージー・ワーク」と見なし、授業実践に必要な最小限の知識や技術しか教育してこなかった。教師たちが担っている校内研修も同様である。授業の提供者になるのは多くの場合、若い教師であり、研修の中心は「教材解釈（研究）」と「指導案づくり」と「指導技術」の検証にあてられてきた。いずれも教職の専門性が狭く捉えられており、授業実践が「イージー・ワーク」として認識された結果である。

私はこれまで20か国以上の国々で数多くの学校を訪問して授業を参観し、いくつもの大学を訪問して教員養成と現職教育のプログラムを調査してきたが、その中で痛感していることの一つは、日本の教師の専門家としての知識ベースの脆弱さである。

日本の教師は、職人としての技術と精神において優れているが、教育の専門家としての知識と精神においては未成熟と言ってよい。率直に言って、日本の教師は「教科書を教える」ことには精通しているが、その教科の「学問を教える」能力は不十分であり、「授業」を遂行する技能は備えているが、「学び」をデザインし促進する教育学と心理学の知識は不十分である。この壁をどのように乗り越えていったらいいのだろうか。

二、ベテラン教師の教室風景

そのヒントはベテラン教師の授業実践の事実にある。先日（2007年11月1日）訪問し、観察した静岡県富士市立元吉原中学校のベテラン国語教師、田中由美子さんの授業実践を紹介しよう。

元吉原中学校（稲葉義治校長）は同市の岳陽中学校の改革を継承した「学びの共同体」づくりの拠点校であり、現在、「学びの共同体」づくりの学校改革として最も安定し最も優れた実績を示す学校である（稲葉校長は岳陽中学校の前教頭）。田中さんが同校に転任したのは元吉原中学校の改革がスタートした2年半前、ベテラン教師の一人として同校の

「学びの共同体づくり」を支えてきた。

田中さんの授業は、中学3年生の国語で松尾芭蕉の『奥の細道』の俳句「夏草や兵どもが夢の跡」の鑑賞である。

田中さんはまず文章と俳句を何度か音読させ、平泉を訪れた芭蕉の見た風景に立ち合わせている。文章の言葉から浮かび上がる生徒のイメージを引き出し、田中さん自身が平泉を訪問して撮影した写真を提示して、この俳句の場面を描いた2枚の漫画を提示して、生徒各自のイメージがどちらの絵に近いかを問う。一枚は夏草だけを描いた絵、もう一枚は北上川の岸辺で俳句を詠む芭蕉と彼の脳裏に浮かぶ義経や弁慶などの兵士を描いた絵である。その交流を行った後、田中さんは「夏草」という「言葉」を「絵」で示した漫画家・矢口高雄のエッセイを読み上げ、この句の言葉をイメージに結実させる鑑賞の方法を示唆している。

授業の後半は生徒たちの鑑賞の交流である。「夏草」のイメージからは「青々とした生命力」「日差しをはねかえす力強さ」が語られ、同時に「500年前の夏草」とのつながりや「荒涼たる平原」の風景が伝える哀しみが語られる。

途中、「夏草や、の〝や〟の切れ字は何を意味しているのか」という質問が生徒の一人によって提出され、この「や」によって芭蕉の夏草との対話と感嘆が生じていること、そして眼前の「現（うつつ）」とはるか昔の「夢」とが対照をなしていることが生徒によって発見され交流される。

「兵ども」や「夢の跡」についても同様にイメージが交流された後、最後に、生徒たちはそれぞれ「自分の視点」と「芭蕉の視点」の二つの視点からの鑑賞を文章に記し、交流して授業の幕が閉じられている。

この授業を観察して最も印象深かったのは、40人近い生徒が一人残らず芭蕉の俳句を夢中になって読み味わい、一人ひとりのイメージの微妙な違いを交流し合って深い理解を形成していたことである。

この授業のビデオ記録を大学院のゼミナールで提示したところ、院生たちは、授業の最初から最後まで一貫する穏やかで繊細な知的雰囲気の心地よさに圧倒されたと言う。確かにそうである。教師も生徒も一片の無駄な力みがなく、柔軟で豊穣な学びを実現させている。その秘密を田中さんの言葉や行為から説明するのは至難である。

田中さんは、コの字型に配置された生徒の机の集約点に小さな椅子を一つ置いて座り、生徒一人ひとりの言葉やつぶやきを聴くことに専念していた。なぜ、これほど物静かな関わりによって、一人残らず生徒たちが俳句の鑑賞に夢中になり、しかも参観者を感嘆させ、圧倒するほどの豊穣な学び合いを実現することが可能なのだろうか。

三、授業の事実を支えるもの

田中さんをはじめ、ベテラン教師の授業を参観していつも思うことは、教師の実践は「見えない実践（invisible practice）」であることである。田中さんの授業の言葉と行為を記録して誰かがそっくり模倣したとしても、決してこの教室の生徒のような学びは成立しないだろう。田中さんが授業の中で中心的に行っている行為は「省察（reflection）」であり、「熟考（deliberation）」であり、「判断（judgment）」であって、「見えない実践」である。

この授業に即して言えば、三つの要素が決定的である。一つは、田中さん自身のテキストに対する深い理解、二つ目は、何度も促されていた生徒とテキストとの対話、そして三つ目は、何度も組織されていた男女混合の4人による小グループの協同的学びである。その一つひとつが、田中さんの文学と歴史の深い教養と授業と学びに関する確かな経験と理論によって基礎づけられていた。

例えば、田中さんは『奥の細道』について国文学者と対等に話ができるほど学び尽くしており、芭蕉の俳句が西行によって拓かれた詩歌の伝統、すなわち死者の鎮魂というテーマを継承して創作されていることや、平泉という地が藤原三代の滅亡の歴史、義経とその一門の悲劇の歴史だけではなく、もっと古層の阿修羅王の悲劇の歴史と重なり、さらには芭蕉の故郷である伊賀上野の悲劇の歴史と重なり合っていることなどを十分に学んで、この授業に臨んでいる。

授業の中で田中さんは、それらの知識のどの一つも直接的には生徒たちに語ってはいない。それらの文学的な教養と知識は田中さんの生徒の言葉やつぶやきに対する細やかな対応において表現され、その結果、生徒たち自身が自らそれらの事柄に気づき、認識を再構成する学びへと結実している。

授業を一貫しているテキストとの対話も同様である。この授業を参観した人の多くが、田中さんの言葉の心地よさと美しさを指摘していた。彼女の無駄のない的確な言葉、イメージに富み、肌触りのある言葉は、それ自体が文学的と言ってよい。事実、「文学を愛する教師の言葉」というのが私の第一印象であった。

言葉一つひとつを選び洗練させて、生徒との関係をつむぎあげている田中さんの語り方がなければ、これほど生徒が文学の鑑賞に夢中になる授業は成立しなかっただろう。参観者が語っていた「この授業だったら生徒の誰もが文学を好きになる」という感想は、その一面をついている。

そして、この教室で成立している学びの様式も、田中さんの確かな教育学的見識の所産である。特に小グループを活用した協同的な学びは素晴らしかった。協同による個と個の

⬆田中由美子教諭と生徒たち。

すり合わせと協同によるジャンプのある学びが、文学の読みに求められる多様な声のオーケストレーションを実現していた。この協同的な学びの様式の創出による授業の改革は、田中さんが今中心的に取り組んでいる研究課題の一つである。

ベテラン教師の授業実践は、教職の専門性を構成する基盤が幅広い教養と教科の学問教養と教育学の理論と実践にあることを端的に示してくれる。それらを意識化し現実化する授業研究と校内研修のあり方が問われているのである。

教師として学び続ける①

一、教師として生きる

教師の人生は学び続ける人生である。子どもに学び、教材に学び、同僚に学び、地域に学び、自らの経験から学び続ける歩みが教師の人生を形成している。その歩みは、きわめて穏やかな歩みであり、粛々とした実践の積み重ねによって支えられた歩みと言ってよいだろう。

今、日本の教師たちは「教師受難の時代」を生きている。今日ほど教師の仕事が難しく、しかも今日ほど人々の信頼と尊敬を失い、一人ひとりの教師が孤独と不安を抱いている時代はない。毎年、正月になると私のもとに数百人もの教師から年賀状が届くが、もう10年以上、「ますます厳しい一年になりますが……」という言葉ばかりで、来るべき年が好転する希望を記したものは一枚もない。しかも、教師たちが肌で感じている未来への不安はもう20年近く続いている。

その一方で教育改革の嵐は騒然としている。教師の日々の仕事に対する配慮や理解を欠いたまま矢継ぎ早にいくつもの改革が強行され、その結果が芳しくないとマスコミを巻込んで教師バッシングが横行し、教師に対する不信感をベースとする学校選択や学校評価や教員評価が押し付けられ、学校現場はますます息苦しくなっている。

この現実に対峙するためには二つの事柄が必要である。一つは、あれこれの改革に振り回されず、粛々と教師の仕事を丁寧にまっとうすること、もう一つは、あれこれの「言葉」に振り回されず、教師としての仕事を的確に表現できる「自分の言葉」を実践によってつむぎだすことである。

本書を執筆した動機は、今こそ一人ひとりの教師が粛々と教師としての仕事をまっとうし、教師としての修養に努め、教師としての誇りを取り戻し、教師としての成長を確実にすることが何にもまして重要と判断したからであった。

教育改革をめぐる華々しい言葉や粗雑な言葉とは異なり、教師の日常の実践を語る言葉は、元来つつましい言葉であり、小さな事柄を細やかに語る丁寧な言葉である。

しかし、もう20年以上、教育の行政と業界（ジャーナリズムとマスメディア）によってあまりに粗雑な言葉が氾濫したために、教師自身の言葉が貧弱になっている。「生きる力」

とか「心の教育」とか「ゆとり教育」とか「確かな学力」とか、誰も定義できない実体の曖昧な言葉が教育ジャーナリズムをとおして氾濫し、それらの言葉を使うことによって教師たちは教室を語る言葉を失い、子どもの学びを語る言葉を失い、教師としての自分を語る言葉を失ってきた。

今こそ、教師としての「私」を語り、教室の固有名の子どもを語り、自らの実践経験を自らの言葉で語ることが重要なときはない。

さらに重要なことは教師としての自らの修養と成長を語ることだろう。繰り返し指摘してきたように、教師の仕事の本質は「教える」こと以上に「学ぶ」ことにある。これも、本書で繰り返し指摘してきたことだが、教師の仕事は「職人」としての性格と「専門家」としての性格を併せ持っている。「粛々と」という教育実践への構えを強調したのも、教師としての成長が「職人」としての成長と「専門家」としての成長を併せ持っているからにほかならない。

どんな状況に置かれても「職人」は黙々とベストを尽くす仕事を遂行するし、「専門家」は最先端の知識を活用して最高の知恵を働かせている。そこに「職人」としての教師、「専門家」としての教師の生きがいや誇りや幸福が潜んでいる。今、教師たちが取り戻すべきなのは、この粛々とした日々の実践において達成される学び成長し続ける日々である。

二、仲間と学ぶ

教師は決して一人で成長することはない。教師は教師の共同体の中で成長する。教師の成長にとって好ましい共同体は、教師としての「職人性（craftsmanship）」と教師としての「専門家文化（professional culture）」を併せ持った共同体である。この共同体の性格を「同僚性（collegiality）」と呼んでもいい。そして学校が「同僚性」を基軸として組織され運営されているとき、学校ほど教師の学びと成長にとって好適な場所はない。

しかし、現実の学校は、教師が学び成長する場所として機能しているわけではない。その結果、多くの教師が自分が子どものときに受けた伝統的な授業の枠組みから一歩も抜け出せない授業実践を行っている。「同僚性」が育っていない学校では、「職人」としての成長も「専門家」としての成長も生まれようがない。

教師が学び成長できない学校の現実は、いくつもの悪弊によって生じている。その一つは、学校の運営や校内の授業研究が、いつも発言する人や声の大きい人によって推進されていることである。

これまで多数の学校を訪問し教室を観察してきたが、いつも発言する人や声の大きい人で授業実践を創造的に生み出している人に出会ったことがない。授業実践を創造的に推進している人や子どもの可能性を存分に引き出している教師は、どの教師も物静かな教師であり、決して目立とうとしない慎み深い教師である。

今日のように外野から声高な改革が矢継ぎ早に叫ばれる状況においては、どうしても声の大きい人やいつも発言する人が学校の運営や校内の授業研究のイニシアティブをとりがちである。その結果、学校はますます「職人性」からも「専門家文化」からも遠ざかり、空虚な言葉が飛び交う改革と実践に終始することになる。

さらに教師たちの学びにも問題がある。教師たちは一般に同僚の仕事から学ぶのが下手である。学校を訪問して研究授業における教師たちの観察の様子を見てみると、子どもの学びの事実や教室の出来事をつぶさに見ようとせず、教室の後ろで腕を組んで授業を遠目に観察している教師たちに出会う。授業実践の事実や同僚の仕事から学ぼうとする意思が希薄なのである。にもかかわらず、そういう教師に限って、授業の検討会では、わかったらしい顔で長々と意見を述べ、あそこはこうすべきだったと授業者にアドバイスしている。

こういう教師を抱えた学校に勤める教師たちは不幸である。特に若い教師の場合は不幸である。同僚の実践の事実から学べない教師は、その横柄さで職場の「同僚性」を破壊していることに無頓着で、子どもの事実からも学べないし、自らの実践の事実からも学ぶことができない。

三、学び続ける日々

教師として学び成長するためには、校内に「同僚性」の関係を築くことが最も重要である。もし不幸にして校内に「同僚性」の関係が築けないならば、近隣の教師たちとともに授業実践を交流し検討し合うサークルに参加すべきである。

同僚の教師の授業実践や教室の事実から学べない理由の一つに、「よい授業」「悪い授業」、「よかったところ」「悪かったところ」というように授業を良し悪しで評価する悪弊がある。この悪弊は、教師になる前の学生や教育実習生ほど顕著であるし、経験の浅い若い教師ほど顕著である。そのことからも、授業を良し悪しで見る見方が「職人」としても「専門家」としても未熟な教師の見方であることは明らかである。

しかし、いくら経験を積んでも授業を良し悪しで見る見方から脱却できていない教師は多い。そういう教師は教職経験の年数は重ねていても、教師として学び成長することを怠ってきた教師である。

残念なことに、教職経験を重ねるごとに頑なになり傲慢になっている教師は多数存在する。

その証拠に、研究授業の後の検討会の発言記録を収集し分析してみると、発言のほとんどが授業者の教材の扱い方や指導法に対するアドバイスとして発言されており、同僚の実践から学んだことやその教室の子どもの事実から学んだことに関する発言はわずかでしかない。これでは一般の学校で「同僚性」が育たないのも無理はない。

そういう私自身も、授業を良し悪しで見るのではなく、授業者の実践から学び、教室の子どもの事実から学ぶという見方で観察できるようになったのは、授業を観察するようになってから5年以上も経過し1000回以上の授業観察の経験を積んだ頃からだった。

それまでは、一般の教師と同様、いや学生や教育実習生と同様、授業を良し悪しで判断し、「よかったところ」「悪かったところ」で見て、授業者への「アドバイス」を行うことに夢中だった。恥ずかしい限りである。

同僚の授業を観察し検討するときは、助言するという傲慢な立場からではなく、学び合うという謙虚な立場で観察し話し合うことが肝要である。

教師と学び成長できる人は、例外なく、この立場で同僚の実践に学び、観察する教室の事実に学び、自らの実践の事実から学んでいる。そして、創造的な授業実践を推進している人はすべて、このような学び方を身につけた教師たちであり、いつも初心にもどって学び続けることのできる教師である。

私は、幸福なことに、教室を観察し始めてから30年間にわたって、日々、粛々と実践を創造し、いつも慎み深く丁寧に細やかに経験を省察し、子どもとともに同僚とともに学び成長し続ける教師たちと出会ってきた。第二部は「私の出会った教師たち」について叙述し、教師としての学びの道を究めることとしたい。

教師として学び続ける②

一、熟練教師の仕事

世阿弥は『花伝書』において、能楽の「態（わざ）」は「三十四、五」歳で「盛りの極み」に達するが、それゆえその後の「慎み」が大切で、慎み深く「誠の花」を反芻し修練するならば、「四十四、五」歳から「五十有余」歳になって心身が老衰しようとも「花は残る」と述べている。ちなみに世阿弥の父、観阿弥は52歳で没したが、死の直前に演じた能は「花やか」であったと言う。

教師の修養においても同様のことが言えるのではないだろうか。そんなことを考えていた先月（2008年1月）、お二人の熟練教師の授業を参観することができた。お一人は神奈川県茅ヶ崎市立浜之郷小学校の武田信之さん、もうお一人は東京都練馬区立豊玉南小学校の今井文子さんである。お二人とも私と同世代、50台半ばを過ぎた教師である。

浜之郷小学校の武田さんの授業は小学校4年生の理科「水の温まり方」であった。武田さんの熟練らしさは、まさに世阿弥の言う「慎み」深く「誠の花」を追求する姿にあった。武田さんは「うがい薬」と「片栗粉」によって試験管の水の温度変化を示す実験を行うという熟練教師らしいアイデアで授業を行ったのだが、その準備実験においても学習ワークシートの作成においても、これ以上は考えられないほど、細やかで丁寧な準備をされていた。

授業における子ども一人ひとりへの対応においても、細やかさと丁寧さは一貫していた。教材に対しても一人ひとりの子どもに対しても、そして自らの教職という仕事に対しても誠実なのである。その授業における誠実さは、武田さんが物静かな教師であるだけに、いっそう感銘深いものであった。

私は、教師の仕事がぞんざいに扱われ、教室の学びが薄っぺらに評価される時代であればこそ、武田さんのような熟練教師の丁寧で誠実な仕事がかけがえのない貴重なものであると思う。武田さんのような安定感のある授業は、とうてい若い教師には実現しようがないし、中堅教師でも同様のレベルに達することができても、これほどさりげなく、けれんがない授業には至らないと思う。そこが熟練教師の熟練教師たるところだろう。

浜之郷小学校は、現在、校長や教頭も含めて教師の平均年齢が31歳という若い教師の学校へと変化している。教室の担任の過半数が教職4年以下の教師たちである。その中にあって、武田さんの存在は大きいし、武田さんの上記のような実践とその振る舞いはありがたい限りである。

二、「態」と「心」を一つにする

豊玉南小学校で参観した今井文子さんの「ごんぎつね」（4年）の授業も、熟練教師ならではの実践であった。兵十が葬儀の行列に参列し、その話を草陰でごんが聞く場面である。これまで数え切れないほど「ごんぎつね」の授業を参観してきたが、子どもたちが「遠くのお城の屋根が光っていました」という一節から読み深める展開は初めてである。

この予想もしなかった発言に対しても、今井さんは動じるどころか、むしろ笑顔で受け止めると、「お城が遠いからごんは町のはずれにいる」「葬儀の行列が町からはずれたとき、ごんと出くわした」「お城の屋根が光って見えるから、ごんはそれだけ町の人をまぶしく見ている」「光って見えるのは、それまでごんが暗い気持ちで悶々としていたから」という趣旨の発言が続き、「遠いのはお城だけではなく、『十日ほどたって』とあるからごんが盗みをしてから時間も遠く隔たっている」「それだけ長い時間、ごんは悶々としていたのね」

のである。

と言う。さらにこの「遠さ」は「鐘の音」の遠い音へと連なり、その光景が一挙に広がる

今井さんの活動は「聴く」「つなぐ」「もどす」の三つに収斂され、しかも、よく観察してみると「もどす」活動を中心に展開している。通常、学び合いを組織する教師の仕事は「聴く」「つなぐ」「もどす」のうち、「つなぐ」を中軸として展開されるのだが、今井さんの授業は「もどす」を中軸として展開されているのである。これは、今井さんの熟練を最も象徴する特徴と言ってよいだろう。

今井さんは、どの発言に対しても、テキストの言葉や文章にもどす、他の子どもたちにもどす、グループにもどす、前の展開にもどすという「もどす」活動に専念しているかに見える。この今井さんの「もどし」によって、子どもたちは次から次へと「つなぐ」学びを進展させてゆくのである。

なぜ、今井さんの教室では、こんなにも子ども同士がつなぎあって学び合いを進めてゆけるのですか、と尋ねてみた。今井さんはあっさりと即座に答えた。「私がいつも子ども一人ひとりの身になって学びを生み出すよう授業を進めているからかしら」。それが「あっさりと」できるところが熟練なのであろう。

今井さんは退職まで2年を残して2007年度いっぱいで退職される。「もう体がぼろ

ぼろ」というのが退職の理由である。「豊玉南小学校で初めて教師らしい仕事が存分にできて幸せだった」と言う。その言葉に思わず涙を誘われた。

この7年間、今井さんの授業は毎年参観してきた。その一年一年、今井さんの授業は大きく変貌した。50歳を過ぎてからの授業の変革である。しかし、一般の予想を裏切って、今井さんの授業の変革は、若い教師以上にダイナミックに進行した。

今井さんは、もともとしなやかな知性の持ち主で、しかも子どもにも仕事にも誠実な方であった。「若いときは家庭と仕事を両立させるのが精一杯で、教師として学ぶ機会がなかった」と口惜しく語りながら、それだけ慎み深く誠実に学び続けてこられたのである。世阿弥の言う「態（わざ）」と「心」を一つにするという熟練の境地を今井さんの歩みは示している。

三、熟練教師の成長

熟練教師の洗練された実践は何によって支えられているのだろうか。武田さんと今井さんの事例に見るように、熟練教師の洗練された実践は、自分のスタイルを築き、そのスタイルを内側から突き崩しながら洗練させてゆく熟練教師らしい成長によって支えられている。彼らは物静かな教師であり、慎み深い教師であり、そして何よりも仕事に対して誠実であり、細やかさと丁寧さにおいて優れた教師である。

私は、いつも熟練教師の仕事の「細やかさと丁寧さ」に心を打たれる。世阿弥の言う「慎み」をもって「誠の花」を反芻し収斂する姿が、「細やかさと丁寧さ」として表現されているのだと思う。

今日、ほとんどの道府県において教師の平均年齢は45歳前後になり、教師全体の高齢化が進行しているにもかかわらず、授業実践についての言説や教師に関する言説は、その熟練度を無視して語られているように思われる。

一言で言えば、今日の学校において熟練教師の洗練された仕事は疎まれているし、無視されている。そして熟練教師の洗練された仕事が無視される中で、空疎な言葉による教育論議や学力論議が学校教育に浸透し、現場の教師の言葉と精神を衰弱させている。

この現状に対して、ほとんどの熟練教師たちは苦い思いを抱きながら仕事を続けているに違いない。

はなはだしい場合には、退職前の教師は「老がい」と呼ばれ、「お荷物」のように扱われてきた。アメリカやカナダの学校でも退職前の教師を「老木」と呼ぶジャーゴン（仲間言葉）があって驚いたことがある。とんでもない話である。熟練教師の洗練された仕事は、その仕事が繊細であればあるだけ、若年の教師や中堅の教師にはそのすごさが見えないだけである。

もっと熟練教師の洗練された仕事が尊重される学校であってほしい。学び続ける熟練教師は、他のどの年齢の教師よりも謙虚であり、子どもから学び、教材から学び、同僚から学び、若い教師から学び、そして何よりも自分自身の経験から学んでいる。その証は、熟練教師の仕事の細やかさと丁寧さにある。

その繊細さにおいて、熟練教師の知性は若い教師以上にしなやかであり、その感性は若い教師以上に瑞々しい。熟練教師の「花」は、若さによる「花」ではなく、修養と研鑽による「妙花」であるだけに、教師の仕事の核心の「花」なのである。

しかし、熟練教師の成長過程を一般化し理論化するのは困難な仕事である。その困難さは、熟練教師の「熟練」の内実が不明瞭なことにある。教師の仕事は「見えない仕事」であり、教職の専門性の内実も「見えない」し、曖昧である。そのうえ、熟練教師の成長は、きわめて個性的である。１００人の熟練教師がいれば、そこに１００通りの成長の軌跡があると言ってよい。

これまでアカデミズムにおける教師研究において「熟達（expertise）」は、コンピュータのエキスパート・システムの開発とのアナロジーで研究されてきた。しかし、教師の成長における「熟達」は、コンピュータの「熟達」よりもはるかに複雑なプロセスであり、複合的なプロセスである。コンピュータをモデルとする「熟達」研究では何一つ解明されない。

教師の修養と成長のプロセスは、教師一人ひとりの個別事例に即して研究されなければならない。それがいかに一筋縄では理解できないほど多様であろうとも、その多様さこそが教職という仕事の複雑さと豊かさを示すものとして認識すべきだろう。熟練教師の仕事に学ぶ意味はそこにある。

第二部

私の出会った教師たち

小学校低学年の文学の授業

一、「妙花」としての授業

教室の参観を開始してから30年、全国の学校で多数の教師と出会い、多くの事柄を学んできた。その中には「妙花」とも言える完成度の高い洗練された授業も少なくなかった。授業の「妙花」は長年にわたる教師の修養と研鑽の賜物である。先日「新潟自分探しの会」の合宿研究会において参観した呉井弘美さんの「たぬきの糸車」（小学1年）の授業のビデオ記録は、「妙花」と呼ぶにふさわしい完成度の高いものであった。

呉井さんの授業を参観するのは久しぶりである。ビデオの映像記録は、授業の開始直前の子どもの姿を映し出している。その短いシーンを見た途端、「これはすごい！」と唸ってしまった。子どもたちの姿が自然体で柔らかいのである。そのしなやかで柔らかい子どもたちの身のこなしを見ただけで、呉井さんの仕事が一つの境地を開いてきたことを直観し、これから始まる授業が小学校低学年の文学の授業の最先端を切り開くものになることを予感した。この直観と予感を言葉で説明するのは至難である。教室の学びを推進させる「息づかい」という言葉が最も適切なのかもしれない。あるいは東洋哲学の「気」という言葉が事柄を言い当てているのかもしれない。授業開始前の「息づかい」や「気」の流れが、その授業のすべてを前もって決定している。

この授業記録を視聴する前日、新潟県五泉《ごせん》市立五泉南小学校の教室で参観者の中に呉井さんを発見した。その食い入るようなまなざしの凛とした表情を見て、「あ、呉井さんはすごい成長を遂げている」と思った。その予感は間違っていなかった。教師が授業の新しい境地を開くとき、その教師の存在そのものが大きく変化しているように思う。立ち方、居方、人との関わり方、話し方、それらすべてが新しい一つのスタイルを形成しているのである。

このような教師の変化と教室の変容は、何か部分的な変化としてではなく、授業の全体的な変化と結びついている。さっそく、授業の細部を検討してみよう。

二、「態」を支えるもの

授業は、「いよいよ今日は最後の場面だね。みんなでお話しししようね。その前に、今日まで読んできたところ、自分で言葉を一つひとつ大事に読んでみてください。終わったら目で見て読んでね」という呉井さんの言葉がけでスタートした。

無駄が一つもない選ばれた言葉である。教師の言葉が選ばれ、無駄な言葉が一つもないことは、優れた授業に共通する要件の一つである。教師がどのような言葉で授業を始めるかを観察するだけで、その授業程度のほぼすべてが診断できると言っても過言ではない。

子どもたちの読みが3回ほど終えたことを確認すると、呉井さんは「今までいっぱいお話ししてきましたね。そのイメージを大事にして、今日読むところをゆっくり読んでくださいね。お友達の読んだ言葉をしっかりキャッチして、同じリズムで読んでいこうね」と言って、加奈（仮名、以下同じ）、佐和子、達郎、信吾、良子、幹夫、理沙の順に指名読みを行い、それが終わると、「じゃあ、一人ひとり自分のペースで読んでください」と指示した。そして最後まで一人になって読んだ利代子の横にしゃがんで小声で一言ほめている。

そして「さあ、読みましたか。読んだ中で、あ、これすごいなあとか、おもしろいなあと思ったところ、みんなとお話ししてみたいなというところに線を引いてください。その言葉を引くときに小さな声で読みながらね」と言って作業に入る。子どもたちは時折、うれしそうな笑みを浮かべて作業に熱中している。

ここまでの展開が15分である。授業時間全体の3分の1が最初の音読と黙読にあてられている。しかも、それぞれ一回ごとに異なる指示が与えられ、子ども一人ひとりの中でテキストの言葉のイメージが生成し発酵し熟成するのを促している。

ここまでの展開を観察するだけで、呉井さんが、言葉に対していかに誠実であるかを知ることができる。呉井さんの子どもに対して語りかける言葉、テキストの言葉の扱い、一人ひとりの子どもの読みにおける言葉のイメージの尊重、それらすべてにおいて言葉に対する誠実さがにじみ出ている。この授業を参観しながら、文学の授業の根底には、この授業のような言葉に対する誠実さが息づいていなければならないことを学んだ。

音読と黙読にたっぷりと時間を注ぐ呉井さんの文学の授業は、文学の学びに対する呉井さんの信念を読み取ることができる。文学の学びは、テキストとの対話、仲間の読みとの対話、自分自身の読みとの対話の三つの対話によって構成されている。この三つの対話のうち、文学の学びの基軸となるのはテキストとの対話である。

テキストとの対話は、仲間の読みとの対話と自分自身の読みとの対話を媒介する中軸と言ってよい。しかし、多くの文学の授業では、「話し合い」が中心となっていて、テキストとの対話がおろそかにされがちである。それでは文学の学びは成立しようがない。

呉井さんの文学の授業は、どこまでもテキストとの対話を中軸に置くことにより、そして、話し合いの場面でも絶えずテキストとの対話に「もどす」ことによって、本来的な意味での文学の学びを成立させている。この授業における子どもの学びの構成についても、この授業から学ぶべき点は多い。

いよいよ話し合いの開始である。

「今線を引いたところ、自分が引いてなくてもお友達が言ってくれたところと同じだったら、それも言ってください。どんどん自分のイメージをお話ししようね」と呉井さんが声をかけると、ほぼ全員がにこやかな顔で手をあげた。どの子の頭の中も「たぬき」と「おかみさん」のイメージで満杯なのである。

「80ページの7行目の『うれしくて』って、どれくらいうれしかったの?」と真美が口火を切り、「すっごく」「わくわくしてる」「おかみさんにほめられてうれしかった」「絵を見ると、すっごくうれしそう」「あ、赤いほっぺになっている」「ほんとだ!」「役に立てたなと思って、ぴょんぴょこうれしい」と続く。

呉井さんが「役に立ててうれしいと慶介さんは思ったんですって、ここにつながる人は?」と言うと、一樹が「この前の授業の……」と教室の横に掲示してある書き込みのあるテキストの模造紙を指さして「白い糸のたばが山のようにつんであったのです」と読み上げ、他の子どもたちもその一節を読み上げる。そして、うれしさのあまり「ぴょんぴょこ」はねて踊りながら逃げていくたぬきの姿が次々と語られ、再び挿絵の「赤いほっぺになっている」たぬき、「きっと、おかみさんとたぬきはラブラブなんだよ」（笑）と盛り上がってゆく。

祐子が「ずっと前のところだけど、罠にかかったたぬきをおかみさんが助けたでしょ」と物語全体の中で「ラブラブ」の成り立ちを説明し、俊樹がさらに文章を遡って「助けたのは冬だけど、今は春」とつなげる。すると健太がもっと前の「『いたずらもんだがかわいいな』と教科書に書いてあった」と指摘し、おかみさんとたぬきの心の通い合いを読み解いていく。

これらの読みの展開は自然であり、しかも、絶えず「あーっ」「あーっ」というつぶやきが広がり、教科書をめくる音が響き、子どもらしい意見が出るたびに笑いがあふれるという、瑞々しい響き合いと織物のような思考の交流が生まれる素晴らしい展開である。私も含め、参加者の誰もが、1年生でもここまでの文学の学びが可能なのだと、圧倒されてしまった。

三、教師の修養

これほど生き生きとした文学の学び合いが成立した秘密はどこにあるのだろうか。その一つは、呉井さんの最小限の的確な言葉がけにある。呉井さんは、子どもたちの話し合いの中で、二つの働きかけを行っている。

一つは、「それにつながる意見は？」あるいは「つながる人はいる？」と尋ね、一人ひとりの読みのイメージの重なり合いや響き合いを組織している。いわば「つなぐ活動」である。

呉井さんの言葉に「他に意見は？」とか「だれだれさんはどう？」とか「なぜ、そう思ったの？」というような、つながりを切る言葉は一つもない。どの言葉がけも「つなぐ」媒介になっている。これも学ぶべきことの一つである。

もう一つの秘密は「もどす活動」にある。「どこからそう思ったの？」「それ、どこに書いてある？」というように、子どもの読みのイメージを絶えずテキストの言葉にもどして、そこから新しいイメージを触発する活動が頻繁に行われている。

驚くことに、呉井さんの「もどす活動」は、すでに1年生の子どもたちも呉井さんをモデルにして習得しており、この授業の後半部分は、「赤いほっぺ」で喜びと恥じらいを表現するたぬきの心情を物語の全体のテキストとのつながりで読み描くダイナミックな学びへと発展している。

ほとんど完璧と言える授業を参観し終えて、私は、呉井さんの目覚ましい成長に感動せずにはいられなかった。私と出会ってから約10年間、日々、「学びの成立」と「つなぐ」と「もどす」の方法について、子どもたちとともに一途に探究してきたと言う。呉井さんの語る言葉の多くは、私が著書で記してきた言葉である。

しかし、呉井さんの言葉は私の言葉の域を脱して、呉井さん自身の身体言語になっている。そうだからこそ、私の期待を超える学び合いを教室に出現させたのである。教師たちから学ぶべき事柄は無限である。

高校を変える校長のリーダーシップ

一、奇跡の出現

昨年末（２００７年12月）、広島市安西高校で開かれた公開研究会は、奇跡と呼べる高校改革の可能性を事実で示すものであった。安西高校は広島市の中で最も「困難」と呼ばれてきた学校である。５年前までは入学者の半数しか卒業せず、ドロップアウト率は50％以上、中退者は年間１００名を超えていた。

その学校が、２００７年度は12月時点で中途退学・転学者は2名に激減し、入学者のほぼ全員が卒業する学校へと変貌したのである。奇跡は中退者の激減に見られるだけではない。どの教室を訪問しても一人も授業に参加していない生徒はいないし、「底辺校」と呼ばれてきた学校であるにもかかわらず、通常の高校より高いレベルの課題に一人残らず生徒たちが真摯に挑戦している。奇跡はさらに続く。それまで定員を割り込み存続が危ぶまれていた同校の受験倍率は２００７年度には1・7倍へと飛躍的に上昇し、県立普通科高校のトップへと躍り出た。

これまで、いくつもの学校で「奇跡」と呼ぶにふさわしい改革を経験してきた。１９９8年に創設された神奈川県茅ヶ崎市立浜之郷小学校の改革、２００1年に開始された静岡県富士市立岳陽中学校の改革などは、小学校改革、中学校改革のパイロット・スクールとして全国の教師たちに知られている。安西高校の改革は、それらに匹敵する「奇跡」の改革と呼んでいいだろう。高校の「学びの共同体」のパイロット・スクールの出現である。

学校改革という大事業を達成した学校のすべてに共通しているのは、ヴィジョンと見識を備えた校長のリーダーシップである。安西高校も例外ではない。才木裕久校長の確かな改革のヴィジョンと確かな見識に基づくリーダーシップが発揮されなければ、この劇的とも言える改革は実現することはなかった。

私が才木さんと出会ったのは、2年前、広島市立祇園東中学校の公開研究会においてである。祇園東中学校も「困難校」の一つであったが、「岳陽スタイル」を導入して学びの共同体づくりを推進する北川威子校長のリーダーシップのもとで、劇的な学校改革を推進していた。才木さんは北川さんと研究会の同人であり、そのネットワークが安西高校の改革を準備することとなる。

しかし、講義形式が今なお支配的な高校において、学びの共同体づくりを導入し推進することは決して容易ではない。高校改革においては、3年前から佐久市望月高校において学びの共同体づくりが着手されていた。望月高校も入学者の4割近い30名が中途退学する、最も困難な学校の一つであったが、２００７年度の中退者はゼロになるという画期的な成功を達成していた。

また東京大学教育学部附属中等学校においては、2年前から草川剛人校長のリーダーシップにより、中学校と高校のすべての教室においてコの字型の机の配置を導入し、小グループの協同学習の様式を採用して学びの共同体づくりを推進してきた。それらの先駆的挑戦が、才木校長の高校改革の出発点を準備することとなった。

二、ヴィジョンと方略

才木さんが安西高校の校長として着任したのは2006年4月である。すでに前任校長によって生徒指導を中心とする取り組みが展開されて中退者は30名程度に減少し、学校は最悪の状態から脱しつつあった。しかし、生徒たちには生気がなく「授業が終わるとパーッと蜘蛛の子を散らすように下校していく」姿を見てショックを受けたという。学校はいち早く退散したい場所だったのである。どの「底辺校」でも午後3時には閑散としている。

学校が生徒の居場所になっておらず、大半の生徒は部活動にも参加していない。安西高校も同じ風景の学校であった。

高校の改革は小学校や中学校の改革と比べて困難である。

第一に、高校の教師は講義形式の授業と定期試験というシステムにどっぷり慣れきっており、生徒がこのシステムにおいて挫折し不適応になっても、生徒の問題と見なしている。ほぼ全員が高校に通う状況にあるにもかかわらず、教師たちの意識や授業のスタイルは一握りのエリートが通学した旧制高校の枠組みから一歩も出ていない。さらに高校の教師たちの多くは、生徒の意識や態度や意欲に責任を転嫁することによって、教育の専門家にはなりえていないのである。

第二に、高校の教師組織の問題がある。通常、高校には小学校や中学校のような職員室が存在しない。高校教師は教科の部屋を居場所にしており、教科の壁によるバルカナイゼーション（バルカン諸国化）によって小国の集合体を基盤として仕事をしている。このバルカナイゼーションによって、どんな指導性を発揮する校長も学校を変えることはできず、たとえ改革の挑戦が一部の教師によって開始されても内戦状態に陥るほかはない。

第三に、通常、高校は１０００名以上の生徒と１００人近い教師によって組織されており、しかも複雑なカリキュラムと複雑な組織によって教師も生徒も学校を「共同体」として意識することは希薄であり、一人ひとりが孤立感を深めている。この傾向は、「選択中心」カリキュラムが浸透する中でいっそう深刻なものになっている。「ショッピングモール・ハイスクール」の弊害である。

校長が学校改革のリーダーシップを発揮するうえで最も重要なものは、確かな改革のヴィジョンとそのヴィジョンを実現する思慮深い方略である。才木校長は、着任直後に「弟、妹、わが子を行かせたいと思う学校」づくりを提唱して「学校経営改革推進基本計画」を提案、①安全・安心性向上（学校が第二のホームになること）、②授業の質の向上と部活動の活性化と行事の充実による求心力の強化（魅力ある学校生活づくり）、③教育環境の整備の三本柱の改革に取り組んだ。

「生徒が5分でも長くいたくなる学校づくり」「誇りの持てる学校づくり」を推進するために、協同学習による授業改革、7時間授業の採用、1年生の学習合宿の実施、制服の改善、1年次全員部活登録制の導入などが実施された。

なかでも注目されるのが、授業の質の向上と教科書の変更である。安西高校は、他の「底辺校」と同様、いわゆる「B教科書」を使用していた。進学校で使われる「A教科書」と比べ、判も大きく字も大きく、絵や写真が多用されている。しかし、「B教科書」は生徒の自尊心を傷つけるだけでなく、生徒の学びの希望を萎えさせ、教師の授業のレベルも低下させてしまう。「B教科書」から「A教科書」への転換は、一般の高校のレベルを超える高い学習課題の設定を可能にし、「ジャンプのある学び」を教室に実現する基礎となった。この教科書の転換と授業レベルを上げた「ジャンプのある学び」の導入を、生徒たちが積極的に受け入れたのは言うまでもない。

三、自分のなるべき自分になることができる学校

才木校長は、生徒にも教師にも「学び」を中心に生きることを奨励し「自分のなるべき自分になることができる学校づくり」を推進してきた。その結果、進路実績も上昇、1年後には四年制大学への進学者数が倍増し、国公立大学進学者も含まれるようになる。就職においても30倍の競争を突破して県警に採用される者、マツダなど大企業に就職する者も現れ、就職決定率は100%に達した。まさに「夢を実現する学校」へと変貌したのである。中途退学・転学者の激減は当然の帰結であった。

才木校長のリーダーシップによる夢のようなヴィジョンを現実へと導いたのは、同校の生徒たちと教師たちである。生徒たちは、教室においては「学びの共同体」づくりを教師と協同で推進し、小グループの協同学習においては率直に疑問を出し合い、協力し協同し

て「ジャンプのある学び」を創造してきた。2年後には、どの教室においてもこの日の観察で見る限り、一人も机の上に突っ伏したり、おしゃべりを続ける生徒はいなくなり、仲間と協同で真摯に学び合う生徒へと成長を遂げてきた。その成長は驚く限りである。

どの学校でも言えることだが、「学びの共同体づくり」の学校改革は、教師たちよりも生徒たちに歓迎され、その意義や方式は教師たちよりも生徒たちのほうが短期間で体得する。安西高校も同様であった。

生徒たちの目覚ましい変化と成長に促されて、教師たちも授業の改革に意欲的に取り組んできた。才木校長は、講義形式の授業から脱却する教師たちの挑戦をさまざまな手立てで支援してきた。私の著書や論文による「学びの共同体」づくりの哲学と方略の学びを出発点として、コの字型の教室の配列と男女混合4人の小グループによる協同学習が導入され、学年を単位とする授業の公開と研究が積み重ねられてきた。

才木校長は、「学びの共同体」による授業改革は「一つの媒介」にすぎず、教師一人ひとりが授業の改革をとおして、どう自分の教育スタイルを形成するかが最も重要であると、教師たちに語りかけてきた。

教師たちへの支援も的確であった。学校のヴィジョンと授業改革のイメージを教師間で共有するために、才木さんは「学びの共同体」づくりの先進校である市内の祇園東中学校の公開研究会には、５限以降の授業をなくして教員全員で参加した。さらに同じく「学びの共同体」づくりを推進している富士市岳陽中学校、東京大学附属中等学校、佐久市望月高校へと積極的に教師を派遣し、この派遣によって共有される改革のヴィジョンとネットワークによって改革の推進力を高めてきた。

才木さんは1年余の改革によって高校の歴史の新しいページを開こうとしている。その旗幟《きし》鮮明なリーダーシップと強《したた》かなヴァイタリティは頼もしい限りである。

授業の事実が見えるということ

一、授業づくりの開眼

「教師花伝書」の着想の源は28年前に遡る。一つの出来事が私に教師の専門性と卓越性に気づかせてくれた。三重大学教育学部に勤務し、教師教育の仕事に従事しながら、東海・近畿地域の学校を訪問し、教室を参観して授業研究を教師と協同で推進し始めたころのことである。三重県四日市市の小学校教師、石井順治さんとともに滋賀県のある学校を訪問し、高学年の文学の授業を参観して授業協議会に参加した。当時は、授業者が授業をテープレコーダーで記録し、その録音記録を文字に起こし、資料を作成して研究協議を行うのが一般的だった。

この学校でも、午前中に授業を全員で観察し、昼休みに担当者が授業の録音テープを起こして資料を作成することになっていた。しかし、ハプニングが起こった。授業者がテープレコーダーのスイッチを入れ忘れたのである。すると同行した石井さんが昼食を中断して、「じゃあ、僕が思い出しながら作るよ」と言って、あっという間に総計132に及ぶ教師と子どもの発言記録を作成した。私は、傍らでその様子を眺めながら、あまりにリアルに再現される記録に疑いを抱いていた。

ところが、その直後、他校の参観者の一人が「私のテープを使ってください」と録音記録を持ち込んできた。さっそく、石井さんはテープを聞きながら自分の作成した記録のチェックを行った。驚嘆すべきことに、石井さんが再現した132の発言のほとんどは、一字一句にわたるまで正確だった。石井さんは特に詳しくメモをとるわけでもなく、通常どおり授業を参観していた。その授業をほとんど一字一句にわたるまで再現できるのは神業のように思われた。

この事件以来、私は、もっと具体的にもっと深く教師から学ぶことを決意した。石井さんに出会ったのは三重大学に赴任して2年目のことだが、この出来事に遭遇したのは、その翌年1982年のことである。

すでに私自身も1000以上の授業を観察する経験を積んでいたが、石井さんの授業の見え方と私の授業の見え方との間には比較にならないほどの大きな開きがあることを痛感させられた。

もう一つ、この出来事は、私の重要な決断を迫るものとなった。三重大学に赴任して以来、卒業した教師たちと月例の授業研究会を開催していた。その研究会を解散し、石井さんが月例で開いている研究会に若い教師たちと一緒に参加させてもらうことにしたのだ。教師の指導ができるのは教師である。研究者である私が若い教師への助言や援助を行うのは不遜きわまりない行為であることを学んだのである。研究者である私は、教師と教師をつなぐこと、そして教師たちの研究を研究者の立場で支えることにある。

さらにもう一つ、この出来事は、私の決断を促した。私自身が授業者の世界をよりリアルに認識する必要がある。授業は外から見る世界と授業者として内から見る世界とでは、まったく風景を異にしている。石井さんが、あれほど克明に授業を再現できたのは、授業を外から見るだけでなく、授業者の立場に立って内から見ていたからである。そのことに気づいた私は、学校を訪問するたびに、1時間、実習生のように授業を試みる経験を積み重ねた。

以上の3つの事柄、すなわち①教師の仕事に深く学ぶこと、②教師を指導するのではなく、教師と教師をつなぎ、彼らの研究を支えること、③授業を外からの見え方と内からの見え方を統合する見方を形成することは、私のその後の授業研究の根本原理となり、教育研究の方法論となった。

二、教室を生きる

私が石井さんと同じ「神業」を体得したのは、この出来事から2年後のことである。この「神業」を体得すると、いったいなぜ石井さんが観察した授業をほとんど一字一句に至るまで克明に再現できたのかを説明することができる。私の到達した理解は、次の三つに要約できる。

第一に、授業において教室に生起する事実は、どれもが偶発的であると同時に必然的である。教室の事実は、教師の活動であれ、子どもの活動であれ、どれも複雑な関係の網の目において生起しており、それらの事実はこの複雑な関係の網の目において認識されなければならない。

通常、「なぜ、その事実が起こったのか」という事実の説明において、「○○であったからこうなった」という因果的説明を与えがちだが、この因果的認識よりも重要なのは「この事実は○○という関係の中でこうなった」という関係的認識である。しかも、この関係は、教師と子どもの関係、子どもと子どもの関係、教師と教材の関係、子どもと教材の関係など、複合的で複雑な関係の網の目として認識されなければならない。この関係的認識は「因果的認識」に対して「因縁的認識」と呼んでもいいだろう。

第二に、授業の観察（実践）において最も重要なことは虚心坦懐に聴くことである。子どもの発言を聴くときには、その発言がテキストのどの言葉に触発されて出てきているのか、その発言が他の子どものどの発言に触発されて出てきているのか、その発言がその子自身の前の発言とどうつながって出てきているのか、この３つの関係において発言やつぶやきを聴く必要がある。

この聴き方を身につけ、この聴き方で三つの関係を省察することができるようになるためには、１０００以上の実践事例についての授業研究を積み重ねなければならないし、最低でも5年以上の修業を積まなければならないが、その研鑽と研究なしには、授業の事実を複雑な関係の網の目において認識することはできないし、授業者として生き生きとした授業と学びをデザインし組織することはできない。

第三に、授業の観察において、さらに重要なことは観察している授業の中を授業者や子どもと一緒にまるごと生きることである。授業の内側を生きると言ってよい。観察者が授業を外から観察している限り、授業の生きた事実やその事実の複雑な関係は見えてこない。授業は一人の教師と三十余名の子どもたち一人ひとりがそれぞれの息づかいと思考を交流し、交差させている空間である。その場を教師や子どもたちとともに生きる観察者になる必要がある。

しかも、授業の出来事は、教師にとっても子ども一人ひとりにとっても異なった意味をもち、異なった体験として経験されている。授業における事実を深く的確に認識するためには、その内側の世界を共有し、できる限り多様な立場から事実を受け止め、意味づけることが必要である。

石井さんは、あの私を驚嘆させた「神業」において、この三つのことを無意識に行っていたのである。もちろん、石井さんに「神業」の秘密を尋ねても、この三つのことは無意識に行っているのだから、石井さん自身が答えに窮したことだろう。

ちょうど、自転車に乗れない人が乗れる人に「どうして乗れるのか」と尋ねても、乗れる人は答えに窮するのと同様である。あるいは、外国人が日本の子どもに「どうやって日本語文法をそんなに上手に使えるのか」と尋ねても、日本の子どもは答えに窮するのと同様である。教師の実践は「見えない実践(invisible practice)」である。教師の卓越した能力も「見えない専門的能力(invisible professional competence)」なのである。

三、授業の中で育つ

それでは、教師たちが石井さんのように卓越した専門家としての授業の見方を形成するには、どうしたらよいのだろうか。あるいは、教師が卓越した授業者として成長するためには、どのような道があるのだろうか。その考察は、次章で、石井さんの歩みに即してより詳しく述べることとしたい。

ここでは、授業の事実の省察を行う前提として、石井さんが示した「神業」に類するエピソードを一つ紹介しておこう。今から6年前、神奈川県茅ヶ崎市立浜之郷小学校において西岡正樹さんの「車の色は空の色」（小学4年）の授業を参観したときのことである。あまりに子どもたちの発言のつながりが素晴らしいので、休み時間に何人かの子どもに尋ねてみた。

「前の授業の○○さんの発言の次は誰が何を言ったんだっけ？」と。すると、誰もがほとんど一字一句までも正確に再現した。私は驚いて、さらに「その前の時間で○○さんは何て発言したの？　そして、その後は誰がどういう発言をしたの？」と尋ねてみた。すると、この質問に対しても、子どもたちはどの子も2時間前の授業の発言を正確に再現してみせたのである。改めて、西岡学級の子どもたちの学び合いのすごさを認識した出来事であった。

この事実は、授業の観察において重要な事柄を示唆してくれる。西岡学級の子どもたちが「神業」を発揮したのは、おそらく、授業の一瞬一瞬、一つひとつの言葉をまるごと全身で新鮮に受け止めて学んでいたからである。それは未知の場所への旅に譬えることができるだろう。

私たちは、未知の場所に旅をして新鮮な出会いと発見をすると、旅から帰ってきても、その場所の風景を細かく思い起こすことができる。この新鮮な出会いの旅のように、西岡学級の子どもたちは一人ひとりの発言を聴き、学び合っていたのである。

私たち教師は、日常の授業とその観察において、この子どもたちのように教室の出来事の一つひとつに驚き、一つひとつの言葉と出会い、一つひとつの事実を発見するという新鮮な「旅」を経験しているだろうか。

授業の事実が見えるということの前提に、授業の中で授業者である教師が、そして観察者である教師と研究者が、その授業を新鮮な出会いと発見の「旅」として経験していなければならないのである。

仲間と共に育つ

一、授業研究開眼

これまで30年間、私は数多くの教師たちに学んできた。その中心に前章で叙述した三重県の教師、石井順治さんがいる。石井さんの歩みは教師の修養の一つの典型を示している。石井さんは、初任の小学校で生活綴方を実践していた先輩の女性教師と出会い、子ども一人ひとりと心を通わせる教育実践に感銘し、彼女の読書量のすごさに感服している。初任期の石井さんを授業研究に駆り立てたのは、友人の誘いによって参加した斎藤喜博の主宰する研究会であった。その研究会で子どもの可能性を引き出す授業の事実に触れて授業研究に開眼する。

尾鷲市は三重県の南部に位置しているが、石井さんは、毎週土曜日、学校を終えると、片道3時間を費やして授業記録を携え、神戸市で氷上正さんが主宰していた授業研究会に参加した。それから今日に至るまでの40年間、石井さんはいつも仲間と共に学び歩み続けてきた。教師は一人では成長できないのであり、仲間との協同研究によって専門家としての修養を積むことができる。

石井さんが通いつめた研究会を主宰していた氷上さんは、神戸市の御影小学校の元校長であった。御影小学校は、戦前から「第二附属」として授業研究が活発な学校であり、氷上さんが校長を務めた時代は、戦後の御影小学校の授業研究の全盛期であった。氷上さんは斎藤喜博を招聘して研究会を開催し、同校を関西地方の授業研究の拠点として形成した。

氷上さんが校長時代、御影小学校から多くの優れた教師たちが育っていった。斎藤喜博にも学んだ田村省三、安井曾太郎賞を受賞する画家でもあった美術教師の堀江優、詩の授業実践を開拓した秋本正保、後に「一年一組せんせいあのね」という独自の実践を開いた鹿島和夫などは、氷上校長のもとでのびのびと育った教師たちである。

氷上さんについて一言触れておこう。私自身も三重大学に赴任して学校訪問と授業観察を本格化させた20代の末から30代の初めにかけて、氷上さんから多くのことを学んできた。氷上さんは各地の学校に講師として出向く機会ごとに「一緒に行きませんか」と私に声をかけてくださった。私は氷上さんの傍らで思う存分、教室の授業を観察し、授業研究会の話し合いを聞くことができた。氷上さんは、高齢でありながら思考が柔軟で、しかもリベラリズムの精神と教養に満ちた方で、社会党元党首の土井たか子を小学校で教えたことを誇りにしておられた。

氷上さんの授業の講評は文学の授業に限定され、子どもの視点によるテキストの味わい方を中心とするものだった。印象的であったのは、氷上さんの講評が決して「あそこはこう指導すべきであった」という授業者の指導を限定するものではなかったことである。氷上さんの講評はいつもユーモアにあふれ、しかも教師への温かい励ましの言葉を含んでいた。

さらにいつも感心したのは、テキストの言葉の解釈を中心とする講評であるのに、その講評は授業者のつまずきを明確にし、授業の事実の中に含まれていた可能性を授業者にイメージさせるものであった。私は傍らで聞きながら、氷上さんの助言における指導技術を限定しない自由さと、テキストの言葉から子どもの読みの具体的イメージを喚起させる解釈の的確さに、いつも感嘆していた。氷上さんの教師に対するおおらかでユーモアにあふれ、しかも具体的で的確なコンサルテーションから学んだことは大きい。

石井さんは10年以上にわたって毎週、授業記録を携えて氷上さんのもとを訪問し、氷上さんの助言を受けながら授業づくりに邁進した。氷上さんは教師たちに、授業をテープレコーダーで記録し、そのデータを省察して「実践ノート」を記すことを勧めていた。

氷上さん自身も膨大な「授業観察ノート」を記されていたのだが、石井さんもその方法論に倣って、膨大な数の授業記録を作成し、授業の事実を省察する「実践ノート」を記してきた。近年はビデオカメラによる授業の記録が普及し、教師が授業実践を省察して「実践ノート」をしたためることが少なくなっているが、自らの授業を内省的に見直し、その内省を言葉にして記すことは教師の修養にとって最も重要な活動である。ぜひ、読者の方々に勧めたい。

二、転機を生かす

私を石井さんに紹介してくださったのは、大学院の恩師・稲垣忠彦さんである。稲垣さんは、当時、斎藤喜博の主宰する教授学研究の会から距離を置き、氷上さんや田村さんや石井さんが主宰する「国語教育を学ぶ会」の授業研究に協力していた。私が氷上さんと出会ったのも、この研究会においてである。

ちょうど、このころ、石井さんは一つの転機を迎えていた。教師主導の授業から「子ども一人ひとりに寄り添う授業」への転換である。この転換を促したのは子どもたちであった。石井さんの勤務していた四日市市立泊山小学校は母子寮から通う子どもが多く、複雑な社会的文化的背景を担った子どもたちであった。その子どもたちが石井さんの授業への転換を迫ったのである。

私は、この転換期に石井さんと出会い、この転換の方途を共に探索するという好運に恵まれた。石井さんの授業の転換を支えた条件はいくつもある。一つは、稲垣さんや私との協同研究であり、特に、ビデオ記録による授業研究は「発言記録」と「実践ノート」では捉えきれない生き物としての授業の検討を可能にした。そして、何よりも石井さんの授業の転換を支えたのは、彼が四日市市で毎月開いていた授業研究サークル「東海国語教育を学ぶ会」の仲間たちであった。

当時、この会には、多彩な仲間たちが集っていた。特に、愛知県で「一人勉強」(書き込み)を基本とする文学の個性的な読みの実践を開拓していた中村敬三さんの存在は大きい。また、この会には数多くの若い教師たちが参加しており、それらの若い教師たちと石井さんとの協同の挑戦が、石井さんの授業の転換を内側から支えるものとなった。

この転換は教師主導の授業から「子ども一人ひとりに寄り添う授業」への転換という授業の様式の転換にとどまらない、より根源的な転換であった。それまで石井さんは、斎藤喜博に憧れて以来、ひたすら子どもの可能性を引き出す高いレベルの技術を追求していた。その卓越性の追求は、いわば「上へ、上へ」という垂直方向の卓越性の追求であったと言える。それに対して「子どもに寄り添う授業」へと転換してからの石井さんの卓越性の追求は、いわば「基本を掘り下げる」方向での卓越性の追求であり、多様性に開かれた「幅を広げる」水平方向の卓越性の追求であった。

彼の教室は柔らかで自然体で開かれた学び合いが成立する場所となった。石井さんの修養のスタイルも転換した。それまでは「すごい授業」に憧れ、「すごい教師」から学んできたのだが、このときからの石井さんの修養は「仲間と共に学び」「若い教師からも学ぶ」スタイルへと変化した。

三、学び合うネットワーク

若い教師からも学ぶという修養のスタイルによって、石井さんは、それまで以上に多くの教師たちに慕われ信頼されるようになった。一言で「若い教師の実践から学ぶ」と言っても、ベテランの教師から学ぶ以上に難しい。若い教師の授業について、あれこれ欠点を指摘することは容易である。しかし、それらの欠点の指摘が若い教師の成長を支えているだろうか。若い教師の授業の事実について、何に着目し、何を指摘することが、若い教師の成長につながるのだろうか。

この難問を抱えて、私と石井さんは、土日の休日を利用して数え切れないほどの授業記録を観察して話し合った。この経験ほど、私を育ててくれた経験はない。数百本もの授業のビデオ記録を石井さんと共に観察し話し合う中で、私は、石井さんの中に蓄積された実践的見識をそっくり学び取ることができたのである。こうして、石井さんの主宰する研究会は、若い教師たちが多数集って授業の事実から子どもの学びについて仔細に観察し、研究する魅力的な場所となった。

私は、6年間、石井さんの主宰する四日市市の研究会で学び続けたが、東京大学に転任してからは、毎年1回程度しか、この研究会に参加できていない。私が東京大学に転任してからも、この研究会はますます発展し、その月例会と毎年の大会は、授業づくりについて教師たちが学び合う最も質の高い研究会へと発展している。

そこで育った研究者は私だけではない。東京大学の同僚である秋田喜代美さんも、立教大学に勤務していた頃、毎月、東京から四日市まで出向いてこの研究会に参加して学んでいた。ちょうど、石井さんが、若い頃、毎週、尾鷲から神戸まで片道3時間をかけて氷上さんの主宰する研究会に参加して仲間たちと共に学んだように、秋田さんは、東京から四日市まで片道3時間をかけて石井さんの主宰する研究会に参加して学んだのである。

石井さんの教師としての修養の歩みは、いくつものことを教えてくれる。その一つは、授業の可能性への「憧れ」である。石井さんの授業研究の根源を支えた活力は子ども一人ひとりの可能性への信頼であり、その可能性が開く授業への「憧れ」であった。もう一つは授業実践の内省である。「実践ノート」はその有効なツールであった。そして何よりも大切なのは、教育の専門家として共に学び育ち合う仲間の存在である。この三つを備えたとき、教師の修養は、豊かな実を結ぶものとなる。

校長のリーダーシップ

一、校長の要件

校長のリーダーシップとは何か。多くの人々は雄弁で力強い統率力をイメージしがちだが、私が学んだ校長たちはむしろ口数が少なく、物静かで細やかで知性的な人ばかりである。

私の校長のイメージの原型は、20年前ニューヨーク・イーストハーレムの中等学校で出会ったデボラ・マイヤーである。デボラ・マイヤーは、アメリカで最も困難な地域の学校で「奇跡」と呼べる学校改革を実現し、全米で最も影響力のある学校を築いていた。その後、デボラ・マイヤーはボストンで民主的学校のパイロット・スクールの校長を経験し、現在はニューヨーク大学の教授を務めている。彼女は長年にわたる校長生活の日々、毎朝、「私の学校に行くのではない。彼らの学校（their school）に行くのだ」と自分に言い聞かせて通勤したと記している。その言葉どおり、彼女の学校を何度も訪問したが、いつも彼女は、一人ひとりの子どもの声に耳を傾け、一人ひとりの教師の声に耳を傾け、一人ひとりの親の声に耳を傾けていた。そのすべての声に込められた願いを実現するのが、彼女の日々の仕事なのである。

私は彼女から校長のあり方を学んだだけではない。私が推進している「学びの共同体」づくりのヴィジョンや方略の多くは彼女から学んできた。子ども、教師、親一人ひとりが主人公（protagonist）である学校のヴィジョン、学校内部を「ミニ・スクール」に分割して共同体を建設する方略、カリキュラム編成と学校組織における「Less is more（少なく学ぶことは多くを学ぶこと）」「Simple is better（組織や構造は単純なほうがよい）」「Small is sensible（小さいことによって繊細になれる）」の三つの原則は、すべてデボラ・マイヤーから学んだ事柄である。

昨年（２００７年）の春、シカゴで開催されたアメリカ教育学会年次大会において、「学びの共同体」の学校改革を会長招待講演として発表する機会に恵まれた。その講演において、デボラ・マイヤーは指定討論者の役割を進んで務めてくれた。私が驚いたのは、彼女が驚くべき知性の学び手であることだった。

彼女は私の公共哲学について、デューイの民主主義哲学との連続性を指摘し、彼女自身が1970年代に推進したオープン・スクールの運動において、「オープンであること」が「公共的であること」へと展開しなかったことに対する反省を述べた。彼女の思索はいつも新鮮であり、啓発に満ちている。

二、引き受けること

優れた校長は、世界のどの国においても共通した特徴をもっている。どの学校を訪問しても、まず校長とともにすべての教室を参観することになるのだが、その途中で「実はあの教師には困っている」と愚痴をこぼす校長にろくな人はいない。どの教師に対しても、敬意を込め、信頼を込めて語る校長は、間違いなく優れた校長である。

さらに言えば、教室を参観して一人ひとりの子どもの学びの現状について語れない校長にろくな校長はいない。そういう校長は学校の経営や建物の責任は負っているのかもしれないが、子ども一人ひとりの学びや教師の成長に責任を負ってはいない。

校長のリーダーシップは、何よりもまず「引き受けていること（責任を負っていること）」にある。しかし、この最小限の要件さえ満たしていない校長が多すぎる。校長が一つひとつの教室に責任を負っていない中で、教師が一人ひとりの子どもに責任を負わないとしても当然だろう。例えば、デボラ・マイヤーは校長室にいることがほとんどない。彼女はいつも教室の片隅にいて教師を見守り、子どもを見守っている。

一人ひとりの尊厳に基づいて学校づくりを推進することを学んだのは、新潟県の校長、平澤憲一さんからである。デボラ・マイヤーから学んだ学校のヴィジョンは、平澤さんが校長を務めた小千谷小学校と長岡南中学校において実を結ぶものとなった。小千谷小学校において、平澤さんと私は多様な人々が学び合う「学びの交響圏」としての学校づくりに挑戦した。

小千谷小学校は、明治元年に篤志家の商人の寄付によって設立され、戊辰戦争の孤児をケアし、教育した日本で最初の公立学校であった。その130周年の記念行事として私は、作曲家の三善晃さんの協力を得て合唱付き構成劇を創作し、地域ぐるみで「学びの共同体」の祝祭を演出する機会に恵まれた。保護者が授業に協力する「学習参加」の実践を開始したのも小千谷小学校である。「学びの共同体」としての学校づくりは、平澤校長とともに小千谷小学校において準備されたのである。

平澤校長は「引き受ける」名校長であった。平澤さんは現役教師の頃から勤める中学校がどんなに荒れていても不思議におさまる、という「神の手」をもつ教師として知られていた。校長になってからは「女性教師が元気になる校長」として知られることとなる。その一つは「聴く」ことに専念していることにある。平澤さんは、休憩時間になるといつもスニーカーで廊下を歩き、一人ひとりの生徒の声を聴き、一人ひとりの教師の声を聴いてきた。この一つの行為が生徒の信頼と教師の信頼を築き上げてきたのである。

平澤校長の生徒との関わりを示す一つのエピソードを紹介しよう。長岡南中学校の校長として着任した直後のことである。当時、同校は市内でも有数の荒れた学校であった。生徒の一人が警察に補導され、父親と一緒に警察に出かけ、生徒を引き取った帰路、重苦しい沈黙の車内で、平澤さんは父親に語りかけた。「立派な息子さんをもっておられますね。警察官の尋問に息子さんは実にしっかり答えて感心しました」と。父親はハンドルを握り締め、唸るように号泣したという。平澤さんの言葉はどの言葉にも嘘がなく、真実と誠実に貫かれている。

三、ヴィジョンと哲学

しかし、優れた教育者であることは優れた校長であることの重要な要件ではあるが、十分条件ではない。校長は学校の未来を創造する確かなヴィジョンと哲学をもち、改革を推進する静かで強靭な意志を備えていなければならない。

平澤校長が長岡南中学校に着任したとき、小千谷小学校の3年の実践をとおして、私と彼とは改革のヴィジョンと方略を共有していた。しかし、長岡南中学校は、問題行動が頻発する荒れた学校であり、不登校の生徒も多く、学力も低迷していて地域の信頼も崩壊していた。そのうえ、平澤校長は定年2年前であり、改革にかける年数は限られていた。

平澤校長と私は「学びの共同体」の学校改革のヴィジョンを教師たちに語り、その方略を提示した。しかし、誰もそのヴィジョンと方略に同意する者はいなかった。これまで教師たちはおよそ考えられるすべてを試み、努力の限りを尽くしていた。そして疲弊しきっていた。私たちの提案を信じられなかったとしても当然である。

平澤さんと私は「だまされたと思って半年間でいいから挑戦してみてください」と要請した。まずは生徒の声に耳を澄ますこと、教室に学び合う関係を築くために作業とグループ学習を導入すること、教室をすべて開き、どの教師も年度内に最低1回は研究授業を行って、学年ごとに授業の事例研究を積み重ねること、保護者を授業に参加させる学習参加の取り組みを行うことである。

平澤校長は自ら全校集会において校長の講話をやめ、生徒たちを壇上に立たせて彼らの声を聴く実践に取り組んだ。しかし、半年経っても一部の教室では学び合いを基本とする授業は実現したものの、多くの教室では改革は遅々として進まず、教師たちは生徒の問題行動と不登校の対応に忙殺される日々が続いた。

そして、半年後、平澤校長から私に電話があった。「無念だけれど、半年経って変化が表れない以上、『学びの共同体』づくりは断念し、仕切り直すほかはない。このまま無理に推し進めると、教師たちと私との関係が崩れて学校運営に支障をきたしかねない。今年1年は準備期間とし、来年1年間でできるところまで進めて次の校長に委ねるほかはない」という趣旨であった。私が平澤校長から聞いた最初で最後の弱音であった。そのことは承知し、数日後、同校を訪問することにした。

同校を訪問して驚いた。同校の職員会議において「学びの共同体」の学校改革の一時中断が決められた直後、生徒会が総会を開き「学びの共同体づくりを推進しよう」という決議を上げたというのである。この決議は教師たちを励まし、再び「学びの共同体」づくりの学校改革が推進されることとなった。私の訪問はその直後のことだった。

平澤校長のヴィジョンと哲学は、まず生徒たちに共有され、次に教師たちに共有され、保護者たちにも共有されることとなった。それからの改革は奇跡的と言えるものであった。

改革を開始した1年後には、問題行動と不登校の数は激減し、一人残らず生徒たちが学び合いに参加するようになり、学力も進路実績も飛躍的に向上して、地域の信頼も回復した。その変化の一端を記した生徒の作文は文部科学大臣賞を受賞し、その作文は映画化されるに至っている。ヴィジョンと哲学と意志の賜物であった。

この平澤校長の実績が、小千谷小学校を訪問した大瀬敏昭さんによって神奈川県茅ヶ崎市立浜之郷小学校の改革へと継承され、佐藤雅彦さんによって静岡県富士市立岳陽中学校の奇跡の改革へと結実することになる。この二人の校長の偉業については次章以降で述べることにしよう。

学校改革のうねりを創出した校長
―「学びの共同体」の構築―

一、始まりの始まり

1998年4月1日に開校した神奈川県茅ヶ崎市立浜之郷小学校は、「学びの共同体」のパイロット・スクールとして創設され、全国規模の学校改革のうねりの起点となった。同校の創設を準備し、初代校長を務めたのは大瀬敏昭さん（故人）である。大瀬さんと私との出会いがなければ、日本の学校改革は今日のような展開を遂げなかっただろう。大瀬さんは茅ヶ崎市教育委員会の指導課長として私の提唱する学校改革のヴィジョンと哲学をまるごと採用した「茅ヶ崎市教育計画・茅の響き合い教育」を立案し、そのパイロット・スクールとして浜之郷小学校の学校づくりを推進したのである。

大瀬さんと初めてお会いしたのは、その前年である。大瀬さんが東京大学の私の研究室を訪問されたとき、1時間の会合をお約束したにもかかわらず、緊急の会議で10分しかお会いできなかった。しかし、その10分間が決定的な出来事となった。大瀬さんは、ポストイットをいっぱいに挿し込んだ私の著書を片手に「このヴィジョンと哲学を茅ヶ崎市の学校で実現させたいのです。ご協力をお願いします」と単刀直入に語られた。市町村教育委員会単位の学校改革の重要性を痛感していた私は、即座に「喜んで協力します」と答えた。千載一遇のチャンスであった。

その短い会話の後、教育学部の廊下を歩きながら、大瀬さんは「懐かしいです。30年前、私は東京学芸大学の学生でしたが、この建物に何日も泊まり込んで闘ったのです」と語られた。大瀬さんは、同じ青春時代を生きた一人だった。

浜之郷小学校の開設を準備するにあたって、大瀬さんと多くの言葉を交わす必要はなかった。大瀬さんとは学校のヴィジョンを共有していたし、浜之郷小学校の挑戦がやがて学校改革の巨大なうねりを生み出すことを確信していた。しかも大瀬さんは新潟県小千谷市立小千谷小学校、長岡市立長岡南中学校を訪問し、平澤憲一校長による先行事例も認識していた。

大瀬さんは、私の出会った数多くの校長の中でも出色の人であった。その特徴は、市教育委員会と県教育委員会の仕事の経験に基づく広い視野と学校のリアルな認識をもっていたこと、教師の弱さも強さも知り尽くしていたこと、若いときから社会科の授業研究を積み重ねてきたことにある。

教育行政、教師文化、授業研究の三つの領域において豊富な経験と見識を備えた校長は、それほど存在するわけではない。しかも、大瀬さんは明晰な思考と温かな心づかいと教育に対する誠実さを兼ね備えた人であり、茅ヶ崎市の教育長をはじめとする教育委員会の関係者からも教師たちからも絶大なる信頼を寄せられていた。二度目にお会いしたとき、私は「生涯の同志」を得たと確信した。

浜之郷小学校の創設時の実践については、大瀬敏昭・佐藤学編『学校を創る』（小学館・2000年）および『学校を変える』（小学館・2003年）に詳しい。学校づくりにあたって、大瀬さんは「一役一人制」など、私自身も経験したことのない新しいアイデアを考案して、授業の研修による「同僚性」の構築を核とする学校経営を実現した。「浜之郷スタイル」の学校経営の開発である。

さらに大瀬さんは、浜之郷小学校を創設するにあたって、市内の悩める教師、辞表を提出した教師に同校における「再起」を呼びかけ、不登校など文化的、心理的、社会的な苦悩を抱えた子ども一人ひとりの実態を把握し、教師たちが一人残らず学び合い、子どもたちが一人残らず学び合う学校をつくりあげていった。

大瀬さんは、いつも本質をつかんだ言葉で学校づくりを推進していた。「学校で最も学び下手で、しかも最も学びを必要としているのは教師」「教師と泥棒は手の内を見せたがらない」「教師はすぐ群れたがる。群れている限り教師は専門家にはなれない」「授業の上手下手は生まれつき、教師の成長にとってどうでもよい事柄」これらは、大瀬さんがいつも語っていた言葉である。

大瀬さんは「夢見る人」であった。そして「夢」の実現を信じていた人であった。「いつか授業づくりを教師全員で追求し合う学校、茅ヶ崎市に教育改革を実現する学校を創りたい。」浜之郷小学校が開校する20年も前に、大瀬さんは教育委員会の指導主事として同僚の角田明さんと酒を飲んでは語り合っていた。この「夢」を大瀬さんと角田さんは20年間も温めて実現させたのである（角田さんは浜之郷小学校の創設時は茅ヶ崎市教育委員会の参事として大瀬さんの挑戦を行政において支えている）。

大瀬さんの身体をガン細胞が蝕んでいることが判明したのは、浜之郷小学校の開校後3年目、同校の挑戦が全国の教師たちに広く知られるようになった2001年のことである。

それから2年間、大瀬さんは死の不安と病苦と闘いながら、同校の校長をまっとうした。大瀬さんは「学びの共同体」づくりと並行して、死の恐怖と直面しながら「いのちの授業」の実践を続けている。「いのちの授業」の実践はテレビ、新聞等において報道され、生命を育む教育の尊さを知らせるものとなった（大瀬敏昭『輝け！いのちの授業』小学館・

2004年参照)。そして2004年1月、大瀬さんは息をひきとった。角田さんと私は号泣した。大瀬さんが切り拓いた道も大きければ、大瀬さんの逝去によって失われたものも大きかった。

二、改革の継承

大瀬さんを失って4年半の歳月が流れた。現在、「浜之郷スタイル」を採用し「学びの共同体」づくりに挑戦している小学校は、2000校(公立小学校の約1割)に及んでいる。浜之郷小学校の挑戦は海外にも知られ、世界で最も成功を収めた学校の改革事例として評価されている。大瀬さんも私も予測していなかった急速な普及である。

浜之郷小学校の改革は、大瀬さんの後を継いだ谷井校長(現茅ヶ崎市教育長)、毛利校長、そして加藤校長によって綿々と継承されている。浜之郷小学校の創設当初、大瀬さんと私は来訪する人々に何度も同じ質問を受けた。「10年後の浜之郷小学校をどういう学校にしようと思っていますか?」という質問である。大瀬さんと私の答えは同じだった。「10年後のことは何も考えていません。10年後の学校は10年後の校長、教師たち、子どもたち、親たちが決める事柄です。もし可能ならば10年後も今と同じ挑戦が続いていることを望んでいますが、それ以上のことを望んではいません」。私は、この改革への構えを「始まりの永久革命」と名付けた。

浜之郷小学校は今年（２００８年）11年目を迎えている。「始まりの永久革命」は健在である。開校当初から同校に勤務する教師はわずか２名となった。その２名も来年度は他校へと転勤するだろう。

最も大きな変化は、教師が若返ったことである。浜之郷小学校の教師約30名の平均年齢は31歳である。校長、教頭、教務主任を除けば、ほとんどの教師が20代の教師である。学級担任の教師の半数以上を教職４年目以下の教師が占めている。現在の浜之郷小学校は全国でも有数の若い教師たちの学校である。

この状態を私は「よちよち歩きの浜之郷」と呼び、「低空飛行の浜之郷」と呼んできた。決して揶揄しているのではない。むしろ誇りにして、そう呼んでいる。

大瀬さんとともに構想した「学びの共同体」としての学校づくりは、今も若い教師たちの手によって、そして若い教師たちと学び合う子どもたちと保護者たちによって確かな歩みを続けている。経験の乏しさから授業のレベルが「低空飛行」となるのは仕方のないことだし、学校づくりが「よちよち歩き」になるのも当然のことである。しかし、私はその「低空飛行」と「よちよち歩き」の中に大瀬さんが遺した改革のすごさを感じている。

三、さらなる改革への布石

大瀬さんが遺した改革の素晴らしさは、同校の授業研究会に最も端的に表現されている。子ども一人ひとりの学びを詳細に検討する教師たちの話し合いは圧巻である。その発言記録だけを見れば、誰もが平均年齢が20代の教師たちの研究会とは思わないだろう。それほど、教師たち一人ひとりの子どもの学びへのまなざしは繊細であり、的確である。

もう一つ重要なことがある。それらの発言一つひとつに込められた同僚の教師に対する厳しさと優しさも天下一品である。

大瀬さんをはじめとする創設時の教師たちによって切り拓かれ、その後の10年間に積み上げられてきた授業研究の蓄積は、学びを観察し省察する確かな言葉と教師相互の信頼に基づく豊かな同僚性によるディスコース・コミュニティを築き上げているのである。若い教師たちが、それを実践へと具現するには、まだまだ知識と経験が不足していることは否めないが、その未熟さはむしろ将来への希望と言うべきだろう。

大瀬さんが現在の浜之郷小学校をご覧になったら、なんとおっしゃるだろうか。大瀬さんが、「学びの共同体」の学校改革の全国規模の広がりをご覧になったらなんとおっしゃるだろうか。大瀬さんとの沈黙の対話は、これからも私の中で途絶えることはないだろうし、浜之郷小学校を経験した教師たち、同校を訪問した教師たちの中で終わることはないだろう。

中学校の風景を一新した校長

一、改革の始動

静岡県富士市立岳陽中学校の元校長佐藤雅彦さんは、中学校の風景を一新した教師である。佐藤さんが２００１年から２００３年にかけて達成した学校改革は革命的と言ってもよいほどの意義をもっている。

日本の教育の荒廃が叫ばれて久しい。校内暴力、不登校、少年非行、いじめ、学級崩壊、学びからの逃走など……これらの現象の８割近くが中学校において発生している。多感な思春期を生きる生徒たちと、その情念の嵐に翻弄されながら必死に学校の秩序を維持する教師たちは、どちらも中学校教育の荒廃の被害者であり、加害者であった。佐藤校長が推進した岳陽中学校の改革は、その風景を一新し、一人残らず生徒が真摯に学びに打ち込む「学びの共同体」としての学校を実現させたのである。

佐藤校長と協力し、改革を提唱し推進した私自身も、改革に着手して1年後（2002年6月）に岳陽中学校の教室を参観したときは感動で胸がいっぱいになり、あまりに大きな変化の衝撃で足の震えがとまらなかった。どの教室を訪問しても、生徒が一人残らず学びに没頭していたのである。どの教師も生徒たちと息づかいを一つにして授業を進め、どの生徒も仲間とつながり響き合って学んでいた。これほど真摯に学び合う中学生を見たのは初めてである。

すべての教室を参観し終わって、私は一言「ついに実現した」とつぶやき、全身で身震いし、その震えは一日中とまらなかった。

いくら理論的、経験的に「こうなる」と確信はしていても、それが現実になるとパニックに陥ってしまったのである。これから数年のうちに日本の中学校の風景は一新されることになる。その予測がいっそう私自身を「これからどうすればいいのだ」というパニックに陥らせた。予測は的中した。

岳陽中学校には全国から1万人近い教師が訪れ、今や（2008年現在）「岳陽スタイル」で「学びの共同体」の学校づくりに挑戦する中学校は1000校（公立中学校の約1割）を超えている。一人残らず生徒が学び合う教室の風景は、今では全国津々浦々の中学校で見られるようになった。その改革を実現させたのが、佐藤さんである。

二、奇跡の出現

私が佐藤さんと出会ったのは、岳陽中学校の改革がスタートする3年前の1998年である。この年、佐藤さんは岳陽中学校の教頭から転任し、同じ校区の広見小学校の校長に赴任していた。広見小学校の校長を務めるにあたって、佐藤さんは私が新潟県の小千谷小学校（平澤憲一校長）において推進した「学びの共同体」の学校づくりを、広見小学校においても実現することを希望されたのである。

広見小学校の学校改革は、神奈川県茅ヶ崎市立浜之郷小学校の「学びの共同体」の学校改革と同じ年にスタートした。その改革は、浜之郷小学校ほど有名ではなかったが、その実践と成果は浜之郷小学校と肩を並べる水準に達している。その達成の基礎となったのが、佐藤さんの長年にわたる授業研究の実績である。佐藤さんは中学校の数学教師であり、広見小学校は初めての小学校であったが、授業研究の経験が「学びの共同体」の改革を支えていた〔佐藤雅彦（著者代表）・佐藤学（監修）『授業を創る―富士市立広見小学校の実践』ぎょうせい・2001年参照〕。

広見小学校における3年間の改革を終えて、佐藤さんは再び岳陽中学校に校長としてもどってきた。中学校に「学びの共同体」の学校のパイロット・スクールを建設する最大の好機であった。すでに小学校においては浜之郷小学校、広見小学校、そして東京都練馬区の豊玉南小学校などの拠点校が全国に拡大し、大きな改革のうねりを生み出していた。

しかし、中学校においては、新潟県長岡市立長岡南中学校以降、いくつもの学校の挑戦は続けられていたが、全国の改革の拠点となるパイロット・スクールは安定していなかった。すでに多くの中学校教師は「生活指導」「部活指導」「進路指導」の三つの「指導」を中心とする中学校は教育の限界があり、「学び」と「授業」を中心とする本来の学校に再生する必要があることを認識していた。しかし、いったい、それをどう実現するのか。そのヴィジョンと哲学と方略を提示し、改革を事実で提示するパイロット・スクールの建設が求められていた。

しかし、中学校の改革は、小学校とは異なる困難を抱えている。中学校は教科担任制であり、教師全員で改革を推進しなければ、しかも教科単位ではなく、学年単位で教師が協同して授業改革を推進しなければ成果をあげることはできない。さらに中学校は、どの学校も長年にわたる危機の中で「生活指導」「部活指導」「進路指導」の三つの「指導」中心で運営されてきた。生徒においても教師においても親においても、「授業」と「学び」は学校生活の中心から周辺に追いやられている。

さらに、この体制のもとで、教師同士、教師と生徒、生徒同士、教師と親、親同士の関係は、無意識の中に相互不信とシニシズムが支配しており、一人残らず生徒が学び合う学校、どの一人も尊重される民主主義の学校は「夢」でしかないという諦めが支配している。そのすべてを転換する根本的な改革が求められている。しかも、岳陽中学校は生徒数が800名を超える大規模校であった。

改革の条件は、岳陽中学校の新入生の半数が広見小学校の卒業生であることだった。彼らは協同的な学び合いを経験し、「学びの共同体」の学校を身をもって体験していた。彼らの親たちも佐藤校長に絶大の信頼を寄せていた。そして何よりも佐藤校長自身が、「学びの共同体」の学校づくりの素晴らしさと難しさを3年間の体験をとおして知り尽くしていた。

岳陽中学校において佐藤校長は退職までの3年間、「学びの共同体」の改革理念に共感する藤田さん、稲葉さんという二人の優秀な教頭に恵まれたことも幸運であった。

しかし、困難も大きかった。岳陽中学校は長年にわたって県下でも有数の困難校だった。非行や問題行動の件数、不登校の生徒の比率、学力水準の低さなど、どの指標をとっても最悪、最低レベルの学校であった。校長や教師の熱意や努力が足りなかったわけではない。他の多くの困難校と同様、どの教師も考えられるすべての努力を傾注し疲れ果てていた。

佐藤さんが校長として赴任するまで、同校の教師は「3年が限度」と言われていた。当然、授業の成立も困難だった。

教室から何人もの生徒が抜け出して廊下を闊歩し、教室の中では歩き回る生徒、机につっぷした生徒、おしゃべりの生徒が多く、授業と学びの成立を困難にしていた。その結果、教師たちは力に頼らざるをえず、男性教師が力に頼れば頼るだけ女性教師は授業において言うことを聞かない生徒の困難を抱え込む状態であった。

佐藤校長は、赴任直後から「学びの共同体」の学校のヴィジョンと哲学と方略を教師全員に提示し、学校ぐるみの改革を開始した。

まず学年単位ですべての教師が授業を公開し、年間、校内で50回程度の授業研究を組織すること、すべての授業において「作業」「小グループの協同」「表現と共有」の活動を組織し「学び合い」を中心とする授業の改革を行うこと、「授業」と「学び」を学校生活の中心に位置づけ、「生活指導」「部活指導」「進路指導」を補佐的な脇役とすること、校内研修による同僚性の構築を学校経営の中軸とすることなどである。

最初は半信半疑であった教師も生徒も、半年後には、生徒の変化、授業の変化、教室の変化、学校の変化を確信している。1年後には、あれほど多かった非行も問題行動も皆無となった。

最も大きな変化は、教室における教師と生徒の変化である。教師の声のテンションが下がるにつれて、教室は静かで穏やかな空間になり、教師と生徒、生徒同士の間に聴き合う関係が成立し、学び合う授業へと変化していった。もはや、すべての生徒が授業に参加するようになり、机につっぷしている生徒も一人もいなくなった。この成果は、小グループにおける生徒同士の学び合いによって、生徒たち自身によって達成された。

佐藤さんは、2年目には「質の高い学びの創造」に教師たちとともに挑戦した。「ジャンプのある学び」の創造である。この改革はいっそう教師たちの授業実践の創造性と同僚性を高めるものとなり、同校の「奇跡」とも言える改革を支えるものとなった。

岳陽中学校の改革は「奇跡」と呼んでしかるべき成果をあげた。改革2年後には、非行と問題行動は皆無となり、不登校の生徒は36名から4名へと激減し、市内で最低であった学力はトップレベルに到達した。しかし最大の成果は一人残らず生徒が学び合い、一人残らず教師が専門家として育ち合う学校を実現したことである。

今日では「岳陽スタイル」を導入した全国の中学校の多くが同様の成果を達成しているが、2002年まで、そのような中学校が出現することを誰が想像しえただろうか。その「奇跡」が岳陽中学校において実現したのである。学校改革において何よりも重要なことは事実の創造である。一つの学校の事実が日本の教育を変えるのである（佐藤雅彰・佐藤

⬆岳陽中学校での授業風景。

学編『公立中学校の挑戦—富士市立岳陽中学校の実践』ぎょうせい・2003年)。

佐藤さんは『公立中学校の挑戦』の「あとがき」を、武満徹が亡くなる直前に日記に記した「『希望』は持ちこたえていくことで、実体を無限に確実なものとし、終わりはない」という言葉で結んでいる。

佐藤さんは現在、年間に150以上の中学校を訪問して改革を支援している。佐藤さんの推進している学校改革の実践は確かな「希望」に支えられているのである。

教師であり続けること

一、教師であること

この時代に教師として貴重な仕事をしている人は、報道メディアや出版メディアから最も遠いところにいる教師たちではないだろうか。学校を訪問し数多くの教師たちと出会うたびに、その思いを強くしてきた。その思いを確信として示したいほど、報道メディアや出版メディアは教師の仕事に無理解である。

しかし、これまでも今も日本の教育は、無名とも言ってよい無数の素晴らしい教師たちの地味な営みによって支えられてきた。実際、どの学校を訪問しても、声高な教師たちによってではなく物静かな教師たちの確かな見識によって、その学校の最も大切なところが築かれ守られている。私が学んできたのは、それらの教師の日々の実践である。

兵庫県の教師、小畑公四郎さんは、そのような教師の一人である。小畑さんと知り合ってから30年近くになる。最初に出会ったのは私が三重大学教育学部に赴任した数年後のこと、神戸市御影小学校の元校長の氷上正さんの主宰する研究会においてであった。小畑さんは当時30代の前半だったが、すでに文学の授業の実践者として自分の哲学をもち、自分のスタイルをもって授業づくりに腐心していた。

小畑さんは私を育ててくれた教師の一人である。小畑さんは口数の少ない教師で黙々と自分の道を歩んでいるように見えたが、授業の研究会で発言を求められると、テキストの言葉の襞に触れる解釈をもとに、子どもの小さなつぶやきや表情の変化を敏感に受け止めた的確な批評を行っていた。この人は身体の芯から教師なんだと、私はいつも中途半端にしか授業に関われない研究者としての自分の立場のふがいなさを反省させられた。そんな私を小畑さんは、機会があるごとに自分の勤める学校の校内研究会に「講師」として招待してくれた。

小畑さんは兵庫県の山奥の小さな小学校に勤めており、校内研究会に私を招待したときは、いつも町に一つだけある温泉宿に私と一緒に前泊してくれた。まだ30歳そこそこの私を「講師」として招いてくれたのは恐縮の限りだったが、私は、研究会の前日に温泉につかりながら小畑さんの話を聞くのがいつも啓発的で、毎年、喜んで招待に応じていた。湯船につかりながら、とつとつと授業について語る小畑さんの言葉は、30年近く経た今も鮮明に覚えている。もし、小畑さんに出会わなければ、私の教師の仕事を見る目はかなり表面的なものにとどまっていただろう。それほど、私はまるごと教師を生きる小畑さんの姿に教えられてきた。

小畑さんの教室は、いつも清潔な子どもたちの姿で彩られていた。小畑さんは、「昔の学校の実直な先生」という雰囲気の教師である。現代の教師が失ってしまった何かを小畑さんは持ち続けている。

その素朴な実直さは、子どもにとってはたまらない魅力なのだろう。どんなに荒れた子どもでも、小畑さんの教室では、まるで別人のように健気さをとりもどしてゆく。まだ若かった私には、小畑さんの子どもへの影響がまるで魔法のように思われ、ますます小畑さんという教師の不思議な魅力に引き寄せられていった。

二、創意と挑戦

小畑さんの教師としての生き方の魅力の一つは、決して誰とも群れないところにある。いつも一人で淡々と授業づくりに精を出し、研究会に参加しても飄々として一人学んでいる。とは言っても、決して独りよがりなのでもないし、孤独なのでもない。自分の学びを大切にしているし、自分の哲学を大切にしているのである。これほど、教師としての学びを淡々と持続し、教師としての仕事を飄々と邁進してきた教師は少ないだろう。

一つのエピソードを紹介しよう。20年以上前のことである。ある研究会に小畑さんが持ち込んできた教室のビデオ記録を見て、私は度肝を抜かれた。彼の担任する5年生の教室の国語の授業だったが、その教室は教卓も机も椅子も取り除かれて畳が敷き詰められ、横長の座卓がコの字型に置かれて授業が行われていた。まるで近世の寺子屋か藩校の風景である。教室環境が寺子屋か藩校であるだけではない。小畑さんは一言も語らず、子どもたちもほとんど言葉を発しないで辞書を片手に黙々と文学のテキストを読んでいる。授業と学びの様式も寺子屋か藩校なのである。

そして、誰かが自分一人で解決できない問いをつぶやくと、さざなみのように学び合いが生まれ、それが解決すると再びそれぞれが自分の学びへともどってゆく。その光景はどの授業よりも新鮮であり革命的であった。小畑さんによれば、この学年は荒んでいて学びに専念できず、このスタイルを導入することで子どもたちは心を落ち着かせて学び合う関係が築けたのだと言う。

その実践と説明は、私にはとても説得的であった。まだ授業研究が教材解釈と発問研究でしか行われていなかった頃のことである。小畑さんは、物静かな教師であるだけでなく、ラディカルな授業の改革者でもあった。

小畑さんの身体まるごと教師というエートスはどこで形成されたのだろうか。その原点は大学時代にあると思う。小畑さんは宮城教育大学の卒業生である。宮城教育大学が東北大学から分離し、小学校教員養成課程を大学教育の中心にする教師教育改革が推進されたその絶頂期に、小畑さんは学生時代を過ごしている。宮城教育大学の教師教育改革の精神の真髄を、小畑さんは身体まるごと受け止めたのだと思う。

小畑さんの教師としての真価を誰よりも理解したのは、同僚の若い教師たちだった。小畑さんほど、若い教師に慕われ続けた教師は少ないだろう。小畑さんの勤務する学校には、いつも彼の薫陶を身近で受けたい若い教師たちが集まってきた。小畑さんは、それらの若い教師たちと学校の内外で小さな授業研究会を組織し、彼らと学び合いながら授業づくりを推進していった。私は幸運にも小畑さんのまわりの若い教師たちの実践からも多くのことを学んできた。

三、教師であり続けること

物静かに粛々と教師を生きる小畑さんは、それだけ教師としての苦難も他の教師よりも多く経験することとなった。十数年前、学校での苦難を告げた小畑さんからの手紙を読んで、私も号泣したことがある。教頭として赴任した学校で、小畑さんは校長と組合のどちらからも拒絶され、苦悶の日々を過ごす経験をしている。どの学校でもそうだが、子ども一人ひとりの尊厳を守り、授業を眼のように大切にし、教師としての哲学を大切にする教師は、受難者として生きる宿命を背負わされている。無念であるし悲しいことだが、それが教師の人生の現実である。

手紙を読んですぐ神戸に行って小畑さんから直接話を聞く機会をもったが、学校の現実の厳しさに私は励ます言葉を失っていた。教師が直面している苦難の現実の前で、私はまったく無力な友人でしかなかった。

希望が蘇ったのは、小畑さんが校長に赴任してからである。小畑さんは、さっそく授業づくりを学校経営の中心に設定して、教師たちが育ち合う学校づくりに没頭した。

学校の改革は、まず校長室の改造から着手された。職員室と校長室の壁は取り除かれ、校長室の廊下側のドアは開かれた。さらに小畑さんは自宅から書棚の本を持ち込み、校長室を私設の図書室へと様変わりさせた。図書室のような校長室で、小畑さんは本を仲立ちとする子どもとの関係をつくり、本を仲立ちとする教師との関係をつくり、読書を仲立ちとする保護者との関係を築いた。図書室のような校長室をつくった小畑さんは、ここでもラディカルな改革者である。

しかし、小畑さんの教育実践への風当たりは校長になっても厳しかった。どの地域でも校長は通常3年間以上で次の学校へと転勤するが、彼はいつも2年間で次の学校へと転任させられた。2年間では学校づくりはいつも中断してしまう。

彼を慕って異動届を出して転入してくる若い教師たちは、2年目でやっと彼の学校への転任が決定すると、当の小畑さんは別の学校に転出されていたという事態が繰り返された。こうして小畑校長とそれを追いかける若い教師たちとの追いかけっこが何年にもわたって繰り返された。

なぜ、それほどまでに小畑さんは若い教師に慕われ続けてきたのだろうか。その最大の秘密は、小畑さんの教育に対するまなざしの確かさにある。数年前、計算や漢字のドリル学習が各地の学校に爆発的に普及したことがある。ドリル学習の普及した教室を見て、小畑さんは「僕は教師がストップウォッチを持って進めるドリル学習は好きになれない。ドリル学習で競争させると、子どもは雑になる」とつぶやいた。子どもの学びが雑になるという小畑さんの指摘はそのとおりで、こういう指摘ができるところに小畑さんの教師としての学びを見る目と見識が光っている。

小畑さんは2年前に定年で退職し、現在は各地の学校を訪問して、授業づくりを中心とする学校の改革を支援している。子どもの学びと授業のディテールを細やかに観察して批評を行う小畑さんの見識の高さは、退職後も健在である。

彼のコンサルテーションを希望する若い教師は多く、彼が訪問する学校は、年々増え続けている。小畑さんは自己の多くを語らない教師であり、報道メディアや出版メディアから遠いところで教師を生き抜いてきた教師である。そういう言わば無名の優れた教師たちによって日本の学校教育は支えられてきたのである。

第三部
教師として生きる

教師が専門家として育つ場所

一、教師はどこで育つのか

教師はどこで育つのか。アメリカには「医者はベッドの傍で育つ」という格言がある。それに倣って「教師は学校で育つ」と言ってよいだろう。どんなに優れた教師教育や現職教育を大学で実施しようとも、あるいは、どんなに優れた研修講座を教育委員会や教育センターが開講しようとも、また、どんなに活発な教育サークルが研究活動を展開しようとも、学校内の研修によって教師が育ち合う以上に教師が専門家として成長できる場所はない。

私自身も何度か調査したことだが、教師を対象として「教師としての成長において何が最も有効であったか」という質問で調査すると、どの調査結果を見ても第1位は「自分の授業の反省」、第2位は「同じ学年（教科）における授業の研修」、第3位は「校内研修」、第4位は「地域の研究サークル」、第5位は「教育委員会や組合主催の研修・研究会」そして最後に「大学教授の講演」がくる（だから、私は講演の依頼は原則としてお断りしている）。

別の項目において「教師としての成長に誰が最も有益であったか」という質問で調査すると、第1位は「同じ学年（教科）の教師」、第2位は「同じ学校の同僚教師」、第3位は「同じ学校の校長・教頭」、第4位は「近隣の学校の先輩教師」、第5位は「指導主事」そして最後は「大学教師」である。

この調査結果は、教師の成長の契機はその教師自身の教室を中心にして同心円状に拡大していることを示している。なぜ、教師の成長の場は教室を中心にして同心円状に拡大しているのだろうか。教師の仕事は一般に想定されている以上に複雑であり、教師の成長が経験の省察と反省によって達成されるからだろう。

しかし、この数十年間、教師に対する政策は、教師の研修は教室から遠いところで強化されてきた。文部科学省の推進する「研修の体系化」、地方教育委員会や教育センターの提供する「研修講座」、そして大学の提供する研修プログラムなど、すべて教師の成長の同心円の外側ばかりである。そして、２００９年度からは10年ごとの免許更新講習が最も教室から遠い大学の講義室で行われようとしている。

他方、教師の成長にとって最もコアとなる教室を基礎とする研修および校内研修の実態はどうだろうか。

授業の観察と記録による反省的な研究は、日本の「お家芸」であった。どの国においても、日本のように教師がお互いに授業を公開し合い、授業の観察に基づいて省察し批評し合う研修の様式は、つい最近まで日本ほど行われてはいない。日本の校内研修における授業研究は明治以来の伝統をもち、この伝統が教師の授業実践における専門性の高さを保障してきたと言ってよい。

ちなみに、教師が教育書の多くを執筆して出版し、多くの雑誌を編集して出版しているのも、日本の教師の専門家文化の伝統である。

諸外国を訪問した折に書店の教育書の棚をのぞいてみると、教育書の大半は研究者とジャーナリストによって執筆されており、教師の執筆した本やジャーナルは皆無に等しい。日本の教師は「授業研究」と「校内研修」という優れた専門家文化を形成してきたのである。

近年、この専門家文化の伝統は「レッスン・スタディ」として世界各国に知られるものとなり、「授業研究」と「校内研修」は世界各国において教師研修の重要な方法として普及してきた。その結果、２００３年のＴＩＭＳＳ（国際教育到達度評価学会）の調査結果によれば､もはや「授業研究」も「校内研修」も日本の「お家芸」ではなくなっている。「授業研究」や「校内研修」の機会に関する調査結果を見ると、小学校教師においても日本は調査対象国の中で中位にすぎず、中学校教師においては調査対象国の中で下位、高校教師では最下位に位置している。すなわち、教師の成長の契機の「同心円」は、外側において厚くなってはいるが、その中核において空洞化しているのが実態と言ってよい。この構造を逆転させる必要がある。

二、校内における同僚性の構築

教師が専門家として成長するうえで、学校内の授業研究を活性化させる以上に有効な方法はない。21世紀の教師は「教える専門家(teaching profession)」である以上に、「学びの専門家(learning profession)」でなければならない。そのためにも学校内の授業研究に基づいて教師が専門家として学び育ち合う「同僚性(collegiality)」をすべての学校に構築する必要がある。

私が推進している「学びの共同体」としての学校づくりは、一人残らず子どもの学ぶ権利を実現する学校であると同時に、一人残らず教師が専門家として成長できる学校をめざしている。教師の授業実践は高度に知的で複雑な仕事である。一般に多くの学校で、年間、3回ほどの研究授業を設定して校内研修を行っている。

しかし、わずか3回の研究授業によって教師の専門家としての成長が促され、授業の改革が達成されるわけがない。私の学校改革のこれまでの経験から言って、少なくとも一つの学校で100回を超える授業の事例研究が校内で組織されない限り、教師が専門家として成長し、授業の改革が結実することは不可能である。それほど教師の仕事は複雑であり、授業の改革は難業なのである。

この10年間、「学びの共同体」を標榜する学校が爆発的に普及し、全国で3000を超える学校（公立の小学校、中学校の約1割）において、すべての教師が教室を開き合い、相互に授業を公開し合って学び合う「同僚性」を築く挑戦が展開されている。喜ばしい限りである。教師の成長の契機の「同心円」の中核を厚くする試みである。その成果は著しい。

最近数か月の間に訪問した学校の多くは、「同僚性」を樹立することによって教師の専門家としての成長において目覚ましい成果をあげていた。熱海市の多賀中学校、富士市の元吉原中学校、八千代市の阿蘇中学校、茅ヶ崎市の浜之郷小学校、広島市の祇園東中学校、富山市の奥田小学校、潟上市の羽城中学校、流山市の常盤松中学校、別府市の青山小学校などは、その典型である。

これらの学校においては、協同的な学びによる授業改革の成果や子どもの学力向上もさることながら、それ以上に教師間の学び合いによる「同僚性」の構築と専門家としての成長における成果が著しかった。

三、同僚性の構築による学校改革

学校改革の成功の最大の鍵が「同僚性」にあることを20年ほど前に確認したのは、カリフォルニア大学教授のジュディス・リトルである。彼女の卓見は現在では世界各国の教育学者と教師の共通認識となっている。

私自身、学校を訪問するたびに20年前のリトルの卓見の確かさをいつも再認識している。例えば、「学びの共同体」のパイロット・スクールとして知られる茅ヶ崎市立浜之郷小学校は、創設11年目を迎えているが、近年の都市部における爆発的な新規採用の増加によって教師の若返りが著しい。

昨年は、浜之郷小学校の校長を含む約30名の教師の平均年齢は31歳にまで低下した。担任教師の半数以上が教職経験4年以下、研修主任も教職5年目という若さである。同校は東京近郊や大阪近郊など、都市部の学校の数年後の姿を先取りしていると言ってよい。

この若返りの学校を「よちよち歩きの浜之郷」とときには揶揄しているのだが、驚異的と思われるのは、同校における教師たちの「同僚性」の素晴らしさと若い教師たちのまぶしいほどの成長ぶりである。若さゆえに経験や技術の未熟さは致し方ないが、それらのハンディを超えるだけの教師相互の学び合いと質の高い授業実践が展開されている。どの教室においても教師と子ども、子ども相互の細やかで丁寧な学びとケアの関わり合いが実現しているだけでなく、特に授業協議会において一人ひとりの子どもの学びの省察の深まりが見られ、一人ひとりの同僚に対する親密な配慮と信頼に基づく批評が交流されている。

大半の教師が20代の学校でも、どの学校よりも質の高い授業協議会が可能であることを浜之郷小学校の若い教師たちは示唆してくれる。

その秘密は、同校の10年間の歩みにおいて蓄積された授業研究のディスコース（談話）の豊かさにあると思う。浜之郷小学校の若い教師たちは、教育専門家としてのディスコース・コミュニティを形成しており、そのディスコースの豊かさが彼ら一人ひとりの教師としての見識を支えているのである。

他方、富山市の奥田小学校、潟上市の羽城中学校、流山市の常盤松中学校、別府市の青山小学校などの訪問では、ベテラン教師を中心とする「同僚性」による教師の学び合いの素晴らしさに魅了された。

世阿弥の言う「幽玄の美」が、ベテラン教師の授業実践と授業研究にはある。これらベテランが初々しい精神で学び成長し合っている学校に勤める若い教師たちは幸福である。事実、これらの学校では、新任もしくは初任期の教師たちののびのびと成長する姿が素晴らしかったし、その成長の速さに驚嘆した。

教師を教師として成長させる場所は学校である。その意義と可能性を私たちはもっと深く認識する必要がある。

授業の事実から学ぶこと

一、授業の「評価」と「省察」

授業の事実（経験と出来事）から学ぶことのできる教師と、授業の事実から学ぶことのできない教師とは、何がどう違うのだろうか。専門家としての学びの要諦が経験から学ぶことにあるとすれば、この違いは教師が専門家として学び成長するうえで決定的である。

事実、どんな授業からも豊かに学ぶことのできる教師と、どんな授業を観察しても貧しくしか学べない教師とが存在する。この違いの一つは、その教師の経験年数に依拠している。教育実習生や若い教師と比べて、経験年数の多い教師は同じ事実から学ぶことに格段の差異があるように思われる。

しかし、逆は真ならずである。経験年数が多い教師が、必ずしも学び上手とは言えないし、いくら経験年数を経ていても、教育実習生のレベルと同様の授業の省察や実践しかできない教師も少なくない。とすれば、授業の事実から学べる教師と学べない教師との間には、どこに本質的な違いがあるのだろうか。

私は、この違いは、授業を「よい授業」「悪い授業」あるいは「よい指導法」「悪い指導法」というように「評価」する教師と、授業の事実をあるがまま「評価」しないで「省察」することができる教師との違いであると思う。授業の事実から学べない教師は、自分の尺度で授業の事実から「よい授業」「悪い授業」あるいは「よい指導法」「悪い指導法」の判別を行っているにすぎない。このような教師は、どんな授業の事実と出会っても、何も学ぶことができないのである。

実際、学生を授業の観察に連れていくと、観察後「とてもよい授業でしたね」「この授業はあまりよい授業ではなかったですね」という反応がすぐに返ってくる。学生の分際で授業の経験もないのに、なんと「生意気で傲慢な」と思うのだが、それが素人の授業の見方であることの証であるとも言えよう。

そういう私も授業を「評価」する見方から脱却し、「省察」する見方を獲得するまでには、ずいぶん年月を費やした。

先日、兵庫県の城崎温泉付近の学校を訪問する機会があった。この地域の学校は、30年近く前に訪問したことがある。大学に就職した直後、20代終わりの頃だった。その懐かしさもあって、かつて訪問した学校の教師がその頃の校内研修の記録を携えて会いにきてくれた。その記録に記されている私の発言を見て、愕然とした。

気の利いたことは言っているのだが、そして発言した内容にそれほど大きな誤りがあるとは思えないのだが、私の発言は「よかったところ」と「まずかったところ」を指摘する「評価」する見方しかできていなかったからである。今となっては恥ずかしい限りだが、当時の私は教育学者らしいもったいぶった言い方で素人レベルの授業の見方を開陳していた。

30年近い年月を経て、その記録を持ってきてくれた退職教師には当時の自分の非力と失礼を詫びたのだが、そういう素人レベルの私の拙い批評からも多くのことを吸収したという、その教師の学びには敬服する限りである。

二、事実から学ぶことの難しさ

自分の経験をふりかえって、これまで1万回以上の授業を観察し協議会において批評してきたが、授業を「評価」しない見方を獲得できたのは、3000回を過ぎた頃だったと思う。それほど授業を「評価」する見方から「省察」する見方への転換は難しい。この難しさが、教師の日常において教育の専門家として成長することを妨げる大きな桎梏になっている。

なぜ、私は授業を「評価」する見方から「省察」する見方への転換に、それほど多くの年月と観察の回数を費やさなければならなかったのだろうか。その最大の原因は「すぐれた授業」を追い求めていたからである。実際、20代の私は「すぐれた授業」を追い求めて、本を買いあさり、全国各地の学校の教室をとびまわっていた。もちろん、そこで出会った教師の授業実践から学んだことは大きかった。しかし、にもかかわらず、私が授業の事実から学ぶ方法は、根本的に間違っていた。

この誤りに気づかせてくれたのは、大学の教え子である若い教師たちだった。彼らは「すぐれた授業」を実現するだけの経験も技術も知識も持ち合わせていないし、彼らの日々格闘している授業の事実は「すぐれた授業」からは程遠いところにあった。しかし、彼らの成長のために有効な批評を行うことは、ベテランの「すぐれた授業」に対する批評を行うよりもはるかに難しい。

若い教師の授業の欠点を指摘することは誰にも容易だが、その欠点と言われる事柄が生じた要因はもつれた糸のように複雑に絡み合っているし、「欠点を直せばよくなる」というほど授業実践は単純ではないし、教師の成長も単純ではない。ある欠点を指摘することが、その教師の長所をつぶしてしまうことにもなりかねない。

一人ひとりの若い教師が直面している壁をもつれた糸をほぐすように解読し、その教師が授業を改善し自らを成長させるうえで最も有効な道筋を発見しなければならない。この経験が、授業を良し悪しで見るのではなく、事実として仔細に見る見方、つまり自然観察において蟻の観察を行うように、教室の出来事を仔細に観察し省察する見方へと私を導いてくれた。

教師たちにとっても、授業を「評価」する見方から脱して「省察」する見方へと転換することは困難なことである。その困難は、教師の誰もが「よい授業」をしたい「すばらしい授業」をしたいという欲望をもっていることにある。そのこと自体は決して悪いことではない。専門家としての教師が「よい仕事」をしたいと切望するのは当然だろう。

しかし、教師は「よい授業」「すばらしい授業」の追求にとらわれている限り、自他の授業を「評価」する見方しかできず、事実の「省察」から学ぶことはできなくなる。この矛盾をどう克服すればいいのだろうか。

三、校内研修のあり方

どこの学校でも実施されている授業研究協議会の記録を読むと、教師たちの授業の観察と批評がいかに「評価」する見方にとらわれているかがわかる。

ほとんどの学校の授業協議会における発言は、観察した授業の中の「よかったところ」と「まずかったところ」の指摘に終始しており、授業者に対する観察者の側からの「助言」という枠組みを一歩も抜け出していない。実際、一般の授業協議会の発言の8割以上は「教材」と「指導技術」について述べられており、子ども一人ひとりの学びの事実について述べた発言は1割程度でしかない。

このような授業協議会は、やればやるほど教師の同僚性を破壊し、教師の専門家としての学びを貧しくしてしまう。

授業の観察と批評においては、授業を「見られる側」と「見る側」というまなざしの関係の権力関係が機能している。この権力関係は、ベテラン教師の授業も、何の経験も知識もない学生による観察と批評という権力に対して無力であることを考えれば、明瞭だろう。だから、校内研修においてベテラン教師は授業の公開に抵抗し、いつも若い教師が授業を公開し、その授業に先輩教師が「助言」するということになってしまうのである。

しかし、この「助言」は、やればやるほど教師間の対等な友好関係を破壊している。しかも授業において「正しい指導方法」は一つではなく、100通り以上存在するのであるから、いくら「助言」し合っても、それらの助言は授業の様式を異にする教師の間の無用な対立を深めるだけ、という結果に陥ってしまう。

教師が教育の専門家として学び上手な人へと成長するためには、まず自他の授業を「評価」する見方から「省察」する見方への転換を図る必要がある。「よい授業」「悪い授業」「成功」「失敗」として授業を観察したり反省したりしている教師は、一生かけても素人のままであり、いくら年数をかけても教育実習生のレベルから一歩も成長しえないだろう。

しかし、上記の授業協議会の実態が示すように、今なお、学校における授業研究は専門家らしい学び合いの場とはなっていないし、学び上手の教師を生み出すというよりも学び下手の教師を再生産する場となっている。

私が校内研修において、「教師の教え方」を観察と批評の中心とするのではなく、「子どもの学びの事実」(どこで学びが成立し、どこで学びがつまずいたのか)を観察と批評の中心に置くことを主張してきたのは、教師たちの研修を専門家らしい学びの場へと転換することを企図したからである。

専門家の学びは「経験」から学び、「経験」と「理論」を結びつけて「見識」を形成することにある。その最も重要な基礎となるのが「事実」(経験と出来事)から学ぶことである。教室の細やかな事実や出来事を「発見」し「驚き」を感じることができる能力が、

⬆静岡県富士市立岩松中学校での授業風景。

そしてこの難解な探究を愉しむことができる能力が、専門家として教師に求められている。

学び上手な教師は、「評価」という枠を超えて、仔細な事実をあるがままに観察し、そこにいくつもの「発見」と「驚き」を見出すことができる教師なのである。

教師として尊重すべきこと

一、三つの規範

教師が教師として生き続けるために何が求められるのだろうか。教師の仕事にはいつも曖昧さと不完全さがつきまとう。その曖昧さと不完全さの中で教師が探究し続けるべき事柄は何なのだろうか。そして、教師が教師らしく教職生活をまっとうするために必要な規範（キャノン）とは何なのだろうか。

数多くの尊敬すべき教師たちとの出会いをとおして私は、教師が教師として生き続けるための三つの規範を見出してきた。その一つは、子ども一人ひとりの学びと尊厳を尊重することである。二つ目は、教材の発展性を尊重することである。そして三つ目は、教師自らの哲学を尊重することである。この三つの規範を三つとも旗を下げることなく、高く掲げて探究し続ける教師は、『風姿花伝』（世阿弥）の説く「幽玄の美」を追求する「妙花」

と言えるだろう。

しかし、教職生活においてこの三つの規範を追求し続けることは決して容易なことではない。その一つを追求することは困難なことではないだろう。その二つを追求することも可能かもしれない。しかし、この三つを三つとも常に追求し続けることは決して容易なことではない。なぜなら、この三つは現実の教育実践においては絶えず衝突し合い矛盾し合うからである。

子ども一人ひとりを尊重する教師は多く存在する。しかし、その多くは教材の発展性を犠牲にしているし、その教師自らの哲学を究めてはいない。教材の発展性を尊重する教師も多く存在する。しかし、その教室を参観すると、子ども一人ひとりの学びの多様性がおろそかに扱われがちであるし、教師自身の哲学が未熟な場合が多い。

同様に自らの哲学や信念を尊重する教師は多い。しかし、その多くは自らの考えに固執するあまり独善的になりがちだし、子どもの学びや教材の発展性が蔑ろにされがちである。

この三つの規範を三つとも探究する教師は、授業の中でそれぞれが不十分にしか達成されないもどかしさに耐えなければならないし、それぞれが葛藤し合うジレンマを真摯に受け止めて格闘し、その苦悶と格闘を糧にして専門家としての修養に努めなければならない。三つの規範を日々の授業実践において、どれ一つおろそかにせず、同時に追求し続ける歩みが教師の仕事を創造的にし探究的にして、その教師を信頼に足る専門家として育て上げるのである。

二、探究し続ける教師

三つの規範を教職生活をとおして探究し続けた教師として、島根県松江市立城北小学校校長の錦織明さん（島根県小学校長会会長）がいる。私が錦織さんと最初に出会ったのは、今から10年ほど前、島根県仁多郡の全校児童35名の小さな小学校、高田小学校を訪問したときだった。映画「もののけ姫」の舞台となった地域であり、「たたら製鉄」の歴史を秘めた小さな町だった。

錦織さんはその前年から同校の校長を務め、神楽の文化の伝承、炭焼きの技術の伝承、韓国との文化交流、コンピュータ・ネットワークと留学生交流を基盤としたアフリカ、アジア、アメリカ、ヨーロッパ諸国との国際理解教育を推進していた。

初対面であったが、錦織さんが開拓し創造されていた授業実践や学校づくりが、私が求め続けてきた授業実践のイメージや学校づくりのヴィジョンと近似しているのに驚嘆した。私が机上のイメージやヴィジョンで描いていたことを、錦織さんは彼の学校の教室において生きた事実として創造されていたのである。この日、錦織さんのお宅にまで伺って、錦織さんが趣味で創作された焼き物のカップでコーヒーを飲みながら話し合ったときの興奮は、今も記憶の中で鮮烈である。

錦織さんは、一人ひとりの子どもの学びの実相から教材の発展性を見通せる、卓越したセンスを備えた教師である。錦織さんの仕事は、具体的なモノとの出会いから出発し、子ども一人ひとりの多様で個性的な学びを触発して、その学びは教室の壁を超えて地域へと連なり、さらに地域と世界を串刺しにして展開する。

神楽の横笛作りから出発した総合学習は地域の古代史の学びを導き、炭作りの体験をとおして鉄作りや和紙作りの歴史の学びを導き、親子ともども韓国との文化交流の学びへと連なってゆく。

子どもたち一人ひとりが神楽の横笛で達人の域に達すると、それを聞きつけて世界からオカリナ奏者がこの小学校を訪れて、笛吹きの国際フェスティバルが開かれる。すべてが具体的なモノとの出会いから出発して一人ひとりの個性的な学びへと展開し、教室と地域と世界が学びの意味のネットワークによってつむぎあげられてゆくのである。その構想力と実践の確かさは、教師の実践が内包する無限の可能性を再認識させてくれる。

錦織さんは高田小学校で地域学習と国際理解教育の実践を開発する前は、社会科教育の授業実践に打ち込んできた。「知識と経験をつなぐ社会科学習」の実践である。その教材研究は具体性を極めている。

例えば、縄文文化の歴史学習では、竪穴住居、土器の製作、そして木炭による鉄作りの実験に始まり、黒曜石が島根県では採れないことから、縄文人が朝鮮半島から黒曜石を持ち込んだ歴史を実験で確かめるために、巨木を教室に持ち込み、放課後数か月かけて丸太舟を掘り抜いている。さらに、その丸太舟を宍道湖に浮かべて試運転を行った後、海上保安庁の許可を受け、巡視船を伴って隠岐まで丸太舟を漕いで渡っている。錦織さんの教育実践はすべて手作りであり、具体的経験による探究的な学びなのである。

三、「妙花」としての教職生活

錦織さんは、1972年に広島大学教育学部を卒業後、島根県の隠岐島の小学校で憧れの教職生活をスタートさせた。この教職生活の出発点から、錦織さんは今日に至るまでの35年間、何度も何度も一冊の本を読み返して、自らの教育哲学を形成してきた。

その一冊の本は、デューイの『学校と社会』である。これまで国内外で数多くのデューイを信奉する教師たちと出会ってきたが、錦織さんほど、デューイの教育哲学を深く的確に理解し、その哲学を生きた理論として授業実践に具現している教師と出会ったことはない。

実際、錦織さんの「火おこし」や「衣」「食」や「縄文文化」の授業実践の語りを聞いていると、その実践の一つひとつが、『学校と社会』においてデューイが活写している「オキュペーション」の授業実践の叙述をそっくり彷彿させてしまう。それほど、錦織さんは『学校と社会』を何度も何度も読み直して、自らの教育をデザインし省察する言葉と論理を洗練させてきた。デューイを基本テキストとする哲学的思考と実践的探究の形成と蓄積においても、錦織さんは卓越した教職生活を歩んできたのである。

錦織さんは、２００７年から松江市の城北小学校校長として学校図書館教育に精力を傾けている。この新しい実践の基礎にもデューイの『学校と社会』がある。デューイは『学校と社会』の第三章においてデューイ実験学校の校舎の平面図を描き、図書館を中心として工作室と織物作業室と調理室と食堂が配置される校舎を示し、図書館を学校の教育活動の中核に位置づけるヴィジョンを示している。

錦織さんは、高田小学校においては、同じく『学校と社会』の第三章で図示された学校が、職業、家庭、庭園・公園・地域、大学と連結した教育のヴィジョンを地域学習と国際理解教育の接合において実現していた。城北小学校では、その学校の内側におけるデューイのヴィジョンが、学校図書館教育の推進において体現されたのである。

錦織さんは、２か月後の２００９年3月には定年退職を迎えられる。退職後は、図書館司書の資格を取るために図書館学を学び、その後は地域の図書館活動を推進して子どもの読書活動を促進し、地域の文化活動に専念したいと言われている。

錦織さんの37年間の教職生活を知れば知るほど、その教職生活が教育の実践的探究の歩みであることに感銘を覚えずにはいられない。錦織さんは日本が誇るべき教師の一人だと思う。錦織さんを育てたのは日本の学校文化であり、地域の教師たちの専門家としての文化である。

錦織さんの周囲には、錦織さんと同様、子ども一人ひとりの学びを尊重し、子どもの学びを中心に教材の発展性を尊重し、教師自身の哲学を尊重し続けた多くの同僚たちがいる。その同僚との学び合いの中で、錦織さんは実践を創造し交流し合いながら、デューイの教育哲学を自らの実践の事実によって身体化していった。その道程が、教育の専門家としても職人としても最高度に洗練された「妙花」と言うべき珠玉の実践の創造を導いたのである。

翻って、錦織さんのような教師はこれからの時代にも登場するのだろうか。私は、これからの時代にも錦織さんのような教師は登場し活躍し続けると信じている。子ども一人ひとりの学びを尊重し、教材の発展性を尊重し、自らの哲学を尊重し続ける教師たちが、いくつもの葛藤やジレンマに苦悶しながら、三つの規範を追求し続ける限り、教師たちは日本各地の学校と地域で確実に育ってゆくだろう。

転換期を生きる教師

一、転換期における教師

現代を生きる教師はいくつもの転換期に立っている。一つはグローバリゼーションの進行による学校をとりまく社会の転換である。近代の教育は国民国家の統合と産業主義社会の発展を二つの主要な推進力として組織され展開してきたが、1989年のベルリンの壁の崩壊以降、国民国家と産業主義の時代は終わりを告げ、政治、経済、社会、文化すべての領域のグローバル化が進行し、日本を含む先進諸国は産業主義社会からポスト産業主義社会へと突進している。

それに伴って分権改革が進行し、学校行政は国家権力による統制から共同体と市場のセクターへと譲渡されつつある。さらにポスト産業主義社会は高度知識社会であり、労働市場の大半が製造業から知識情報産業と対人サービス産業へとシフトし、生涯にわたって学び続ける学習社会を形成している。今日の学校と教師は、数世紀に一回という歴史的転換点に立っている。

21世紀を生きる教師は、グローバリゼーションのもとで、高度知識社会への対応、多文化共生社会への対応、格差リスク社会への対応、生涯学習社会への対応、市民性の成熟した社会の建設を担う役割を負っている。これら一連の変化への対応は、数々の困難な格闘をとおして新しい教職の使命を生み出し、新しい教師の登場を促すだろう。新しい酒は新しい革袋に入れられなければならない。

転換期の現象は教師が日々経験している現実の中に表れている。学力低下と学力格差の現実、子どもの経済的文化的貧困の急速な拡大、家族と地域の崩壊、競争社会と査定社会の拡張、子ども、親、教師それぞれの集団における孤立と相互不信、カウンセリングと訴訟に依存する社会の台頭、暴力と排除の蔓延、商業主義文化の氾濫、ポピュリズムによる衆愚政治など、今日の教師が学校の内と外で経験している現実は、転換期の社会の混乱と悲劇そのものと言ってよいだろう。

転換期は、教育の内側でも進行している。近代の学校を特徴づけてきたプログラム型のカリキュラムと一斉授業の様式は、今や先進諸国の学校では過去の遺物であり、博物館に入っている。

「教える」システムとして発展してきた学校と教室は「学ぶ」システムへと転換し、プロジェクト型のカリキュラムによる協同的な学びを中心とする授業が、21世紀の学校教育の様式として発展しつつある。この転換は産業主義社会からポスト産業主義社会への移行において必然的であり、教育は「量」の時代から「質」の時代へと転換した。

教師の世代構成も転換期を迎えている。文部科学省の試算によれば、世代交代により向こう10年間で全教師の3分の1が新しい教師へと入れ替わる。ただし、この試算は現職教師がすべて定年までまっとうすることを前提としている。現在、定年までまっとうしている教師は4割しかいないことを考慮すれば、実際には、向こう10年間で全教師の2分の1近くが新しい教師と入れ替わるだろう。

二、学びの専門家としての教師

転換期において教育がさまざまな混乱と混迷を抱え込むことは避けがたい。そして、経済、社会、文化、政治の急激な変貌が、子どもや教師にいくつもの危機を誘発することも避けがたい。しかし、混乱と混迷と危機の時代は、同時に改革と革新の時代でもある。現代を生きる教師は、解体する現実の危機の中に変革の契機を洞察する知恵と想像力をもたなければならない。

21世紀の社会は、これまで「教える専門家」としての役割を担ってきた教師に「学びの専門家」へと脱皮することを要請している。教師が学ぶべきことはいくつもある。市民としての一般教養、教科の教養、そして教育学の教養、これらの教養を絶えず学び続け、豊かにすることなしに、教師はまっとうな仕事をなし遂げることはできない。

さらに「学びの専門家」としての教師は、実践家として本から学ぶ以上に現実から学ばなければならない。現代の専門家を特徴づける「反省的実践家」の概念が示してきたように、専門家の学びは事実から学び、経験から学び、その学びにおいて実践と理論を統合するところにある。

率直に言って、これまで「教える」ことの有能性だけを追求してきた教師は、総じて「学ぶ」ことに対して怠慢であり、無能である。学びにおいて最も重要な資質は慎み深さであるが、子どもに対し統制的に振る舞うことを職務としている教師は、そのままでは独善的で傲慢になりがちである。「教える専門家」から「学びの専門家」への自己変革は決して容易なことではない。

しかし、本書の随所で指摘してきたように、今日、日本の教師の多くが「教える専門家」から「学びの専門家」への変革を遂げつつある。大多数の教師が、教育の専門家として多くの事柄を学び直す必要を痛感しており、学び続けることなしには教師としての責務をまっとうすることは不可能であることを認識している。これらの教師自身の「学びの専門家」への自己変革は、それを促し支援する学校や教育委員会や大学の改革がほとんど進展していない現状において、直ちに実を結ぶとは言えないが、すでに多くの学校において研修の内容や方式の改革が進行し、学校の内側に同僚性を築いて教師同士が専門家として学び育ち合う実践が推進されている。そこに希望がある。

転換期において求められるものは確かな伝統の継承と創意ある挑戦を同時に遂行することである。伝統のないところに創造は生まれない。日本の教師たちは、戦前戦後を通じて、どの国にも類を見ない豊かな専門家文化を形成してきた。日本ほど、教師たちの実践記録が多数出版され、校内の授業研究が活発に推進され、実践的な知見と見識が教師たちによって共有されてきた国は他には存在しない。この数十年、この専門家文化の伝統は急激に衰退しつつあるとはいえ、今もその伝統は教師たちの日常の意識や行動の中に脈々と生き続けている。

なかでも大正自由教育の伝統と戦後民主主義教育の伝統の価値は大きい。この二つの時代は、いずれも日本の教育の歴史的転換期であった。その転換期において、日本の教師たちは世界に誇るべき教師の専門家文化を花開かせたのである。その伝統を現代の転換期において再生することは決して不可能なことではない。

三、粛々と実践を創造すること

危機と混乱と混迷が渦巻く転換期において、教師が教師として生きる基礎となるものは何なのだろうか。私は多くの学校を訪問し、教師たちと学校を内側から改革する実践を推進しながら、この転換期において教師に求められる第一の事柄は、日々の授業実践を丁寧に粛々と推進することにあることを確信してきた。

つまり、あれこれの学校の外側の動きや誘惑に惑わされることなく、そしてメディアが書き立てる数々の情報に翻弄されることなく、さらには行政が押し付ける多すぎる課題に振り回されることなく、一人ひとりの子どもの学びの創造に心を砕き、一つひとつの教材の発展性を探究し、一人ひとりの同僚と学び合う機会を豊かにして、日々の授業実践の創造に粛々と取り組むことこそが、何よりも肝要だと思う。

教師の仕事は決して派手な仕事ではない。それは「小さな事柄」の集積のような仕事である。それに対して学校外の教育改革の談議はいつも「大きな事柄」を素人ならではの乱暴な語りで議論し、それを人々はマスメディアによって消費し続けている。そこでは教師たちが日々教室で心を砕いている「小さな事柄」はまるで無価値のようである。

しかし、そういう時代であればこそ、この転換期を教師として生き抜くためには、そして、この転換期においてより確かな教育の未来を準備するためには、教室に生起する「小さな事柄」を何よりも大切にし、一人ひとりの子どもの学びの実現に心を砕き、日々の授業実践の創造に粛々と取り組まなければならない。その粛々とした実践こそが、教師自身の専門家としての成長を促し、同僚性の構築を促進し、この転換期にふさわしい学校改革を内側から推進して、より確かな教育の未来を開拓するものとなる。

繰り返し強調するが、転換期において最も避けるべきことは、伝統を見失うことであり、創意ある挑戦を放棄することであり、知ったかぶりの人々がまき散らす騒ぎや混乱に翻弄されることである。

とはいえ、これからの時代を生きる教師は、これまで以上に「受難の時代」を生きることを覚悟しなければならないだろう。決して悲観的な意味で「受難の時代」と言っているのではない。教育は現実を引き受けることから出発する。子どもの現実、学校の現実、地域の現実、社会の現実をまるごと引き受けることなしに、教師のまっとうな仕事は成立しようがない。その意味で、教師はいつも「受難」を生きることを宿命づけられている。これほどの転換期であれば、なおさらである。

しかし、この「受難」は決して教師の不幸を意味するのではない。転換期の「受難」は、教師の仕事をいっそう複雑で困難なものにするだろうが、もう一方で、教師の実践をいっそう知性的で創造的なものへと変革することを要請している。21世紀を生きる教師は、自らの日々の実践を知性的創造的に高めることによって、その使命と責務をまっとうし、「学びの専門家」としての自らの成長を達成するのである。

〈初出〉

「総合教育技術」（小学館）２００７年４月号～２００９年３月号

―――― 著者紹介 ――――

佐藤　学（さとう・まなぶ）

1951年広島県生まれ。教育学博士、東京大学大学院教育学研究科教授。全米教育アカデミー会員、アメリカ教育学会名誉会員。日本教育学会会長、日本学術会議会員。

＜主な著書＞

『授業を変える　学校が変わる』『教師たちの挑戦』『学校の挑戦』（以上、小学館）『教育改革をデザインする』『教育方法学』『授業研究入門』（稲垣忠彦と共著）『「学び」から逃走する子どもたち』（以上、岩波書店）『カリキュラムの批評』『教師というアポリア』『学びの快楽』（以上、世織書房）など。

教師花伝書—専門家として成長するために

2009年4月6日　初版第1刷発行
2017年8月8日　　　第9刷発行

著　者　佐藤　学

発行者　杉本　隆
発行所　株式会社　小学館
〒101-8001　東京都千代田区一ツ橋2-3-1
電話／編集　03 (3230) 5546
　　　販売　03 (5281) 3555

印刷所　大日本印刷株式会社
製本所　牧製本印刷株式会社
Printed in Japan
ISBN978-4-09-837384-0